高校体育发展及
实践路径探索

柳 晨 唐 伟 ◎ 著

吉林出版集团股份有限公司

图书在版编目（CIP）数据

高校体育发展及实践路径探索 / 柳晨，唐伟著．——

长春：吉林出版集团股份有限公司，2023.4

ISBN 978-7-5731-3068-6

Ⅰ．①高⋯ Ⅱ．①柳⋯ ②唐⋯ Ⅲ．①体育教学—教

学研究—高等学校 Ⅳ．①G807.4

中国国家版本馆 CIP 数据核字（2023）第 045667 号

高校体育发展及实践路径探索

GAOXIAO TIYU FAZHAN JI SHIJIAN LUJING TANSUO

著　者	柳　晨　唐　伟
责任编辑	滕　林
封面设计	林　吉
开　本	787mm×1092mm　　1/16
字　数	233 千
印　张	10.75
版　次	2023 年 4 月第 1 版
印　次	2024 年 1 月第 1 次印刷
出版发行	吉林出版集团股份有限公司
电　话	总编办：010-63109269
	发行部：010-63109269
印　刷	廊坊市广阳区九洲印刷厂

ISBN 978-7-5731-3068-6　　　　　　　　　　定价：78.00 元

前　言

"生命在于运动"这句话深刻地体现了体育在促进人体发展和增强体质方面的重要作用。健康是生命永恒的主题，体育与健康教育是学校教育的重要组成部分。近年来，体育与健康发展十分迅速，已成为我国学校教育不可或缺的内容之一。越来越多的人认识到，经常且有规律地进行运动对保持健康体质、达到良好状态是十分重要的。当然，有规律地进行运动只是众多增进健康生活和提高生活质量生活方式中的一种。体育教学是学校体育的中心内容，开展体育教学不仅是为了提升学生的体质，更是为了促进学生的全面发展。

大学生作为国家培养的专门人才，其健康状况关系着今后能否为国家建设和社会发展起促进和推动作用。大学体育与健康教育是密不可分的完整教育过程，是大学教育中不可缺少的课程。其既是学校体育教育的终点，同时又是大学生实现终身体育的起点。依据《全国普通高等学校体育课程教学指导纲要》的基本要求，结合学校体育工作实际和地方特色，广泛参考吸收众多前人的研究成果与经验，本书应运而生。

本书旨在更好地帮助读者正确认识、学习健康中国背景下学校体育的使命与实践的各方面知识。本书内容科学实用，语言通俗易懂，共包含九个章节，论述了体育教学理论、高校体育教育理念及发展、高校体育教学内容的发展与改革、高校体育教学设计研究、高校体育教学模式研究、高校基础运动实践指导、高校球类运动实践指导、体育运动与大学生心理健康、体育锻炼与营养等内容。

本书在写作和修改过程中，查阅和引用了一些图书以及期刊等相关资料，在此谨向本书所引用资料的作者表示诚挚的感谢。由于笔者水平有限，书中难免出现纰漏，恳请读者同人和专家学者批评指正。

目　录

第一章 体育教学理论

第一节 体育教学的概念与特点

一、体育教学的概念

（一）体育教学的定义

体育教学是由"体育"和"教学"两个词语组成的，把教学的概念与体育的理论体系相结合，形成了全新的教学内容与教学方法。在实际的体育教学过程中，体育教学和其他学科一样，具有完整、成熟的体系，需要进行组织活动和管理活动。体育教学与其他学科的教学也有着不同点，如体育教学对教学环境有独特要求，对场地和器材也有不同的需求。由此可见，体育教学并不是思路固定、例行公事的教学活动，不能将其视为一种休闲娱乐的放松活动，它需要众多因素的共同作用才可以正常、合理、科学地开展。

体育教学的实践过程就是学生在教师的管理指导下，通过对理论知识的学习和实地训练，掌握运动技术和技能，从而提高身体素质、保持身心健康，达到一定程度的运动水平，形成对自然和社会环境的适应能力，养成终身体育的习惯，塑造自我个性的教育过程。

体育教学的概念目前尚无统一定义，不同学者都有各自的独特看法。潘绍伟、于可红在《学校体育学》中把体育教学定义为"学校体育的重要组成部分，是实现学校体育目标的基本形式，体育教学是教师的教与学生的学的统一活动"。龚正伟在《体育教学论》中指出："体育教学论研究的对象是体育教学。体育教学与其他各科教学一样具有共同性，都是一种有目的、有计划、有组织地对学生传授知识和技能，发展智力和体力，培养品德与形成个性的教育过程。"姚蕾在《体育教学论学程》中指出："体育教学是一种以体育教材为中介，学生在体育教师的指导下掌握体育知识、技术和技能，养成良好的体育锻炼习惯，促进学生身体、心理和社会适应能力健康发展的教育活动。"人们对新事物的概念界定一般都是通过长期实践中的认识和总结，只有把概念弄明确了，人们才可以进行客观和准确的思考与判断，才能更好地展开深刻的研究，进而得出更加深刻的结论。

任何事物的概念都应具有简洁、科学的特性，而如果把事物的目的、功能、价值等问题融于概念之中，则会使其不够简洁。基于相关学者的研究和定义，可将体育教学的概念进行归纳总结。体育教学是以体育实践性知识，即运动技术为主要学习内容的教学活动。需要注意的是，这种定义从一定程度上忽视了体育理论知识的教学。在体育教学中，学习技术、技能和战术的同时还要学习理论知识。体育学习中，理论性知识的学习不是单纯地通过看教材、上网、看视频或室内理论教学课获得的，而是要把身体技能练习与理论性知识的学习充分结合，或者把体育理论知识的学习穿插于体育课堂教学的动作练习之中。也就是说，在体育教学中，既要重视技术技能的传授，也应该重视传授理论知识。而仅仅依靠阅读教材、论文、期刊、媒体资料或室内理论课等形式来进行体育理论知识学习，从某种程度上来说是不太可靠的。

当然，在体育教学中，室内理论课也是教学体系中不可或缺的一环，但它与一般意义上的理论知识学习仍有一定差异。一是在体育教学中，理论课的比例很小，每学期只有两课时左右；二是作为运动技术学习的补充课程，应在学生对技术动作具有了一定经验后，再去学习相关的理论知识，这样能够对已经学习的实践性知识有更深入的理解。体育教学的上位概念是教学，它指的是"以课程内容为中介的师生双方教与学的共同活动"，其特点是通过各学科系统知识、技能的传授与掌握，发展学生的身体和心理。教学的上位概念是课程，课程概念的覆盖范围比较大，教学是指各门科学、各个领域内（如语文、数学、物理、英语、体育等）的师生双向活动，在范围上不如课程那么大，更加具体化。因此，体育教学具有明显的学科教学特征，是教与学的互动，是体育课程的下位概念，与它同一层次的概念有物理教学、数学教学、语文教学等。体育教学是各学科教学的一部分，体育教学应先属于教学，教学活动是体育教学的下属概念，是体育教学的第一本位。

（二）体育教学的内涵

体育教学活动并不是一成不变的，而是一个动态过程，其中包括知识和技能的传授过程。在体育教学的不同阶段，体育教学的概念、角色等也因为多方面的作用和影响而不断发生着变化。经过多年的发展，现阶段体育教学的内涵包括以下三方面。

1. 体育教学是一门学科

在体育教学体系中有着诸多构成要素，其中主要有教学目标、教学内容、教学方法、教学模式、教学评价等内容。体育教学的目标主要是锻炼学生体能、提高学生身体素质、增进学生身心健康，它是一门相对特殊的课程，配合德、智、美、劳的教育，促进学生身心的全面发展。体育教学中主要的教学组织形式是课程教学。通过上述界定，明确了对体育运动的知识与技能的教学，但对学生的活动与对体育运动的体验，情感的反映与社会适应的关注还比较有限。

2. 体育教学是教育的组成部分

体育教学是在体育教师的指导下，从运动科学、生物学、教育学、运动心理学、运动保健学、社会学等学科中吸收知识的精华，在体育与健康方面有规划、有组织、有目标地以身体练习为主要形式的活动，它与德、智、美、劳方面的培养相配合，共同促进学生身心的全面发展。除了在运动能力上没有比较详尽的要求外，体育运动与体育活动训练方面的教育都能让学生的身心得到发展，这也是素质教育的主要内容及方法。

3. 体育教学是活动

体育教学主要是相关有组织、有计划、有目标的体育活动的组合。相关学者在研究中也提出了类似的看法："现代体育教学是为了使学生能在身体、运动认识、运动技能、情感及社会方面和谐发展的有计划、有组织的活动。"因此，在教学实践中，学生仅仅掌握课本上的理论是远远不够的，体育教学是在亲身参与运动的基础上，掌握动作技能的体育活动，需要达到一定的标准，是运动感受体验的积累，通过这种身体的感觉和触觉才能学习并掌握技术动作。

二、体育教学的特点

体育教学与其他学科教学有一定的共同点，也有很多区别。从体育教学的性质来分析，体育教学与其他学科教学的共性主要体现在以下几个方面。

第一，体育教学是教师与学生的交流及互动。在体育教学过程中，教师与学生的双边活动和其他学科的教学活动一样具有互动性强的特征，教师与学生之间进行双向交流。学生在课上的一举一动都是公开的，教师的指导会对全体学生带来或大或小的影响，教师的"教"与学生的"学"是课堂教学对立而统一的充分体现。

第二，班级授课制是体育教学和其他学科教学共同的上课方式。与其他课程教学一样，体育课的班级组成一般是自然班，但也有打破自然班组合的情况，如在高校体育课的选修课程中，每个教学班的人员组成并不是自然班，有同一个学院、同一个专业各个平行班的学生，也有同一个学院不同专业的学生，甚至有不同学院、不同专业的学生在同一时间一起上体育课的情况。出现这样的情况是由高校体育教学的特点所决定的，虽然打破了自然班的建制，但实际教学中依然体现出了班级授课的特征。班级授课制的特点是一个学期内体育课堂教学的班级学生相对固定，且班级内学生的年龄、生理基础、技能水平基本处在同一水平线上。

第三，体育教学的主要目的是传授相应的知识和技能，这与整个教育事业的"传道授业"有着同样道理。一方面，相较于其他文化学科，大部分学生喜欢并且愿意上体育课，并且学校对体育课的要求越来越细致、严格。大家都知道参加体育活动对身心发展具有很好的促进作用，特别是对智力开发具有特殊的意义。

因此，体育教学是对"知识与技能"进行传承的独特方式。不同的是，体育教学传承的是体育文化。结合体育教学的性质，并对其他学科教学进行对比分析，可以总结出体育教学的基本特点。下面就来阐述一下体育教学的具体特点。

（一）师生身体活动的频繁性

在体育教学过程中，由于"身体知识"源于人体不断的思考、操作与实践，因此在体育教学中，需要体育教师反复进行技术动作的示范、反馈与指导，而学生要做的则是端正态度，集中注意力观看，之后再进行身体动作的尝试与体验。不通过亲身实践与身体练习，是无法习得相关技术与技能的。所以，在体育课的实际教学过程中，教师对学生进行身体动作教学是很常见的事情，但在其他学科的教学中则很难看到。其他学科的课程一般情况下都在室内进行，要求课堂氛围安静融洽，这样才能对激发学生的思维、产生良好的学习效果；但体育教学则恰恰相反，在活动过程中学生既有强烈的身体活动，也有适当的感情与情绪表达，这些都是外显的行为，渲染了体育文化，直观地体现了体育运动中积极与阳光的一面。

（二）传承运动知识的操作性

与其他学科明显不同的是，体育运动的知识是"身体"的知识，身体知识对学生认知自我具有重要作用，其重要性需要得到足够重视。身体知识是一种回归人类自身感觉的知识。这方面的理论是人类发展过程中的一种特殊知识，是人们对外部自然知识的追求转向对人体内部知识追求的结果，是人类面向自我的一种挑战。当今，各个级别的学校都十分重视学生的主体性，关注学生的个性养成，这种追求人类自我知识的回归不仅显示出体育教学的特殊性，还体现了体育教学知识传承的特殊目标与根本意义。可以满怀信心地说，在未来，这类知识必将被大部分教育者所接受与认可，并将广泛地应用于人类身心健康的具体研究之中。

（三）学生身心合一的统一性

体育对人自身自然的改造，不仅是外在结构与生理机能的统一，还是身体和心理的统一。体育教学要在传承体育文化的同时改变学生的身体形态，并强化学生的心理与社会适应能力的发展。体育教学与其他学科的智育教学所处的情境是不同的，它营造了一种能够直观感触到的教学环境，这些直观明显的、生动形象的、富含情感的教学情境对学生的心理与社会适应能力的健康发展起到了促进作用。

因此，体育教学中的身心发展是一元的，符合辩证唯物论的哲学观点。身体发展是体育教学的基础，心理发展是依靠身体的发展而发展的，心理的发展同时促进着身体的发展。体育教学中身心合一的统一性主要体现在以下三个方面。

第一，体育教师在教学中选择教学方法时必须要考虑学生的个人情况，符合学生的身心变化规律，使学生在一定运动负荷的要求下，在身体锻炼与整理休息的过程中实现发展身心的目的。在人体开始运动后，机体的生理机能状态出现积极变化，长期坚持后运动水平就会进一步提升；发展到一定水平时，会固定一段时间；当体内堆积大量代谢物质，如糖原等物质消耗过多后，机体的运动水平就会下降。在体育课程教学中，教师对运动负荷和调整休息有着科学的分配，所以学生的生理机能变化不是直线性的，而是具有波峰和波谷的曲线。

第二，体育教学的内容在选取上不仅要注重对学生身体各器官与系统、各种运动能力和各种身体素质的正面促进，还要注重对学生心理健康及社会适应的培养，要符合心理学、体育美学和社会学等方面的要求。

第三，体育教学要符合学生的年龄特点和心理特点。因为学生尚处于成长发育阶段，心理上很容易出现变化及波动，思维、情绪、意志等方面的变化会对动作技术和体育技能的学习产生影响。这种生理、心理负荷波浪式的曲线变化规律体现了体育教学具有鲜明的节奏。

因此，体育教师应根据学生的心理特征对教学进行全面设计和组织，在促进学生身心发展的同时，培养学生对体育的积极性、形成对体育项目的兴趣，让体育教学更有效地发挥自身的功能。

（四）教学内容的审美情感性

体育具有艺术感和美感，而体育教学中体现出的美感首先体现在师生运动过程中的形体美与运动美上。学生通过身体锻炼让自己的身形变得更具有美感，形成身体各部分线条的美、身体比例对称的美，在运动的过程中体现出人体结构的美，这些都是体育运动的外在美。其次，体育教学还体现了人类挑战自我的精神之美，也就是内在美。在运动中克服身体和精神的障碍，达到运动学习的目标；运动实践中体现谦虚、谦让、尊重等良好的道德风范，这些也都是美的表达。除了体育运动的外在美和内在美外，体育教学活动还体现了教学内容的审美性。

每一个运动项目都彰显出不同的审美特征与美学符号，如球类项目，除了表现出人的运动能力和运动天赋外，还需要具备团队合作、相互协调、互帮互助等人际交往的素质；田径项目更多的是表现人类的力量与速度，同时显现出没有永远的赢家，永不放弃、奋勇拼搏的豪迈气概；健美操项目展示的是柔韧、灵巧、艺术表现、婉约、柔和的美等。

人们在长期的实践发展过程中，各种体育方面的知识和技能通过反复积累得到了运用及发展。首先，体育教师通过长期的总结和提炼，将其准确地传授给学生，让学生去感受与体验，从中感悟到美，得到美的启迪，陶冶情操，净化心灵，促使身心和谐发展。其次，教学是一种思维创造的社会活动，师生共同创造的和谐课堂教学情境给人以意境的感悟与精神上的感化，令人感受到体育教学的美好。同时，在体育教学中教师与学生之间还有一种看不见、摸不着的联系，构成了教与学的统一。教师在传授知识的过程中，也伴随着师生之间丰富的情感交流。

（五）教学过程的直观形象性

体育教学过程中体现了鲜明的直观形象性。具体来讲，教师在教学讲解中声音要洪亮、清楚，还要生动形象、通俗易懂地描述动作技术，把要传授的知识进行艺术加工，把复杂的技术动作诠释得形象、通俗，这样能让学生加深对动作的感知与记忆。同时，体育教师采用特殊的方式进行动作演示，需要通过直观的动作形象进行示范，具体方式有教师亲自示范、优秀学生示范、学生正误对比示范、教学模具示例、人体模型实例和动作图解等，使学生通过感官形成对动作的基础意识，建立正确的、清晰的运动表象。学生通过各种渠道与媒介观看正确的动作示范，获得生动的表象，同时活跃思维，从而达到掌握体育知识、技术和技能的目的，还能发展自身的观察能力和形象思维能力。另外，体育教学的组织与管理也体现了直观形象性的特征。

在体育教学中，每个学生的动作和形态教师都能看得一清二楚；而反过来，教师在课上的一举一动，所有学生也能一览无余。因此，体育教师对自己的言行也要自我约束，因为教师要起到表率和带头作用，对学生的行为具有潜移默化的教育意义；而学生的课堂表现则是直接的、真切的反映，特别是在学生于教学中学习动作的过程中，所表现出来的言谈举止都是真实的情感流露，这一信息正是教师所需要注意与收集的，通过观察、反馈及指导，帮助学生不断进步。直观形象性是体育教学的重要原则，只有坚持直观性和形象性才能使学生更好地理解、更快地学习。

（六）客观外界条件的制约性

体育教学还有一个与众不同特征，那就是体育课的教学效果更容易受到各个方面的影响，更容易遭到客观实际情况的制约，如学生的体育基础素质、体质水平，学生的性别、年龄、生理和心理特点，外界气候条件、运动场地、器材设备等，这些因素都从不同层面对体育教学的质量有着不同程度的影响。

从体育教学的角度来说，体育教学的实施要体现教育的全面性，不仅要根据学生的运动基础进行区别对待，还必须对学生的年龄、性别、生理和心理特点等进行全面考虑。因为男生和女生在身体形态、运动素质、机能水平运动功能等方面差异巨大，所以教师在教学设计、教学要求、教学组织等方面根据学生性别的不同要有所区分。如果忽略了学生的差异，在组织、方法和内容上盲目地选择，不仅达不到增强体质、培养身心的目标，还有可能增加学生的运动负担，造成运动疲劳情况。

从体育教学的环境角度来看，体育课大多数情况下都在室外进行，而在室外就会有各种客观影响因素，如天气、气温、气候、噪声等。同时，学生在室外有新奇感，心理上更加不受拘束，这种环境会使学生的注意力不集中。还有一些不可控的因素，如学校的各种活动、节假日等，都会对体育教学产生大大小小的影响。同时，体育教学对场地、器材设备条件的要求也是体育课比较独特的一个方面。因此，在教学计划中，从教材内容选择到教学组织方法的实施，从一学期的教学计划到每一课时的具体计划，每一位教师都必须考虑到这些客观实际与影响因素，排除各个因素的干扰，提高体育教学质量与效果，同时要克服严寒酷暑、风雾雨雪等不利条件，培养学生坚持不懈、战胜自我的精神。

第二节　体育教学的本质与功能

一、体育教育的本质

从根本上讲，体育教育的性质是由体育的性质决定的，体育的本质属性是"增强体质、增进健康"，而身心健康是人全面发展的重要内容，体育在促进人的全面发展中起着非常重要的作用。另外，我们对组成体育教育的教育部分做一个详细的认识，广义的教育泛指一切有目的的影响人的身心发展的社会实践活动。狭义的教育是指专门组织的教育，即学校教育，它不仅包括全日制的学校教育，也包括非全日制的学校教育、函授教育、成人教育等，它是根据一定社会的现实和未来的需要，遵循年轻一代身心发展的规律，有目的、有计划、有组织、系统地引导受教育者获得知识技能，陶冶思想品德，发展智力和体力的一种活动，以便把受教育者培养成为适应一定社会（或一定阶级）的需要并促进社会发展的人。下面主要探讨一下体育教育的本质。

（一）体育教育促进人的全面发展

根据马克思主义教育观的原理，体育是全面发展教育的重要组成部分，体育教育是全面发展人的教育中的一部分。体育教育是以学生的身体活动（运动）为根本特征，区别于学校中的德育过程和智育过程，它主要以身体教育或透过身体教育的角度来实现马克思历史观念中的人的全面发展。

（二）体育教育的社会制约性和服务性

从体育教育的产生与发展过程来看，体育教育受一定社会的政治经济的影响和制约，并为一定社会的政治经济服务，现代体育教育更是引起世界各国的重视。近年来，很多国家都修改和补充了体育教学大纲，加强与改革体育教育，提高体育教育的地位，加强体育师资队伍的建设，投入一定的物力和财力，促进体育教育事业的发展。我国也非常重视体育教育，特别是20余年来，国家出台了一系列的政策文件来加强青少年的体育教育工作。1999年，中共中央、国务院颁布了《关于深化教育改革、全面推进素质教育的决定》，明确指出了实施素质教育不仅要抓好智育，还要加强体育，促进学生的全面发展和健康成长。切实加强学校体育工作，使学生养成体育锻炼的习惯。2007年，中共中央、国务院颁布了《关于加强青少年体育增强青少年体质的意见》。

2011年，教育部颁布了新版的《体育与健康课程标准》。教育部、发展改革委、财政部、体育总局于2012年联合出台了《关于进一步加强学校体育工作的若干意见》。

2016年，国务院办公厅颁发了《关于强化学校体育促进学生身心健康全面发展的意见》，文件指出要不断改革创新体制机制，全面提升体育教育质量，健全学生人格品质，切实发挥体育在培育和践行社会主义核心价值观、推进素质教育中的综合作用。

从以上我国20余年来不断出台的加强学校体育的政策文件来看，体育教育已经深受我国政府和社会的关注和支持，体育教育事业在我国迎来了发展的良机。综上所述，社会经济的发展会在一定程度上制约体育教育的发展，但是良好的社会经济发展会为体育教育的发展提供良好的土壤，促进其健康发展。而体育教育事业的不断推进也会为社会培养一批德智体美全面发展的人才，从而为社会的经济发展提供最好的服务，因此两者是相辅相成、不可或缺的。

（三）体育教育研究的多维体育观和方法论

随着现代社会的快速发展，人与人之间的竞争越来越激烈。因此，在学校教育中，必须提高体育教育质量。通过体育教育的方式培养身体强健，意志力顽强，能适应现代社会竞争的，具有综合素质的现代人才。这就要求我们必须从多方面，并且用多种方法去研究体育教育，从而提供一定的理论支撑。体育教育的本质应该从生物学、社会学、心理学、人体科学等多维的角度去探究，其本质的理论应该是全面的、系统的、多维的、立体的。现代体育教育的发展已经充分显示出它的多种功能。随着社会的进步和不断发展，还需要不断更新观念，不断提高研究的方法技能，并从多角度去分析和研究体育教育，这样才能使体育教育不断适应社会发展的需求，并促进体育教育的改革与发展。

二、体育教育的功能

（一）体育教育的本质功能

根据体育教育的本质特征，体育教育的本质功能包括健身功能、健心功能、教育功能。

1. 体育教育的健身功能

（1）提高人体心血管系统的机能。①参加体育运动可以使心肌细胞内的蛋白质合成增加，心肌纤维变粗，从而使心肌收缩力量增强，进而使心脏的每搏输出量增加，心脏的供血能力就会增强。②参加体育运动可以增加血管壁的弹性，从而预防或缓解因血管壁退化引起的疾病，如退行性高血压等。③参加体育运动可以加大人体毛细血管的开放程度，从而加快血液与组织液的交换，提高机体新陈代谢的水平。④参加体育运动可以显著降低血液中的血脂含量（胆固醇、蛋白质、三酰甘油等），从而有效地预防冠心病、高血压和动脉粥样硬化等疾病。⑤经常参加体育运动可以使人在安静时的脉搏和血压降低。

（2）增强人体呼吸系统的机能。①经常参加体育运动，特别是做一些有氧耐力运动，如长跑、游泳等运动项目，可以使呼吸肌的力量增加，促进肺组织的生长发育和肺的扩张，从而使肺活量增加。此外，经常性地进行深呼吸运动也可以提高人的肺活量。②参加体育运动后，由于增大了呼吸肌的力量，从而使呼吸深度增加，提高了肺的通气效率，从而提高氧从肺进入血液的能力。

（3）促进人体骨骼和肌肉的生长发育。人从出生到成人，是一个不断生长和发育的过程，而人的生长和发育主要体现在骨骼和肌肉的生长和发育方面。参加体育活动可以促进骨骼和肌肉的生长发育。人身高的不断增长主要是因为人长骨的骺软骨的不断增生，直到其骨化的完成，身高将不会增长。在青少年时期，通过让青少年接受一定的体育教育，参加一些体育运动，特别是一些跳跃类、牵拉类的运动可以刺激骨骼中骺软骨的增生和分裂，从而促进青少年身高的增长。此外，参加体育运动还可以使人的骨骼变粗、骨密度增厚，并且可以增加骨骼的抗压和抗弯折能力。相关医学研究表明，经常参加体育运动，可以增加人体内氧化酶的浓度和线粒体的数量，从而提高人体肌肉的有氧代谢水平，提高肌肉的能量利用能力，从而更好地为机体供能。总之，青少年通过参加体育运动，可以促进骨骼和肌肉的生长发育，从而健康地成长；成年人通过参与体育运动，可以保持骨骼的硬度和韧度，保持肌肉的力量和柔韧，从而健康地生活。

2. 体育教育促进心理健康的功能

这里所说的健心功能主要指的是，参与体育运动可以调节人的心理状态，促进人保持心理健康。现代社会极大地丰富了人们的物质生活，但是精神生活不能很好地得到满足，快节奏的生活、高压力的竞争使人们在精神和心理上都出现了一定的问题，如抑郁、焦虑、感情淡漠等心理症状。而在青少年群体中，如恋爱受挫、考试升学的压力、大学生就业的压力等都给他们带来了不同的心理问题，而心理健康对人的整体健康具有重要的意义。

参加体育运动能够调节人的心理状态，促进人的心理健康。主要体现在以下方面：参加体育运动可以刺激人体产生一定的内啡肽，而内啡肽具有调节体温、心血管和呼吸的功能，也可以调节人不良的情绪，振奋精神，缓解抑郁，使人的身心能够保持轻松愉悦的状态。此外，参加体育活动可以增加人与人之间的情感交流，特别是一些集体的运动，可以培养人的团结协作精神，化解人的孤独感和抑郁感。参加体育活动还可以让人获得自信，如在比赛场上的制胜一击、球场上的关键角色的扮演等，都可以让人对自己进行一个重新的认识，在现实生活中的失败或许可以在赛场上获得认可，从而增加自己对生活的信心。总之，参与体育运动是一项非常好的调节人心理的活动，可以促进人的心理健康。

3. 体育教育的教育功能

作为一种教育活动，体育教育对人的教育功能是其本质功能之一，主要体现在以下四个方面。

（1）教会人基本的生活能力。人从生下来以后，缺乏生存需要的基本能力，如走、跑、跳等，这些都需要后天加以学习和训练，而体育教育是最好的途径。体育教师从小就教我们站立、走路、跑步的正确姿势，为我们日后的生活打下了坚实的基础，这是人最初始的需求，从这个角度来讲，体育教育不可或缺。

（2）传递体育知识和文化。体育是人类生产生活中不断形成的文化活动，是一项宝贵的文化遗产，因此必须通过一定的活动来传递这种文化。体育教育就是承担这个职责的最好助手。通过体育教育，人们可以学习体育知识，掌握锻炼身体的办法，并且可以让人认识到体育对人的健康的价值，促进人们形成一定的体育意识，养成体育运动的习惯，从而形成健康的生活方式。通过引导青少年参加体育比赛，观看体育比赛，对体育规则和文化有进一步的认识和了解，从而起到传递体育文化的作用。

（3）促进人的社会化。每一个人都不仅是一个自然人，更是一个社会人，具有很强的社会性。人在经历家庭教育、学校教育、社会教育的共同作用后，人的社会属性逐渐成为第一性，逐渐完成个人的社会化。每个人只有完成社会化，才能不断适应社会的需要，如果一个人不能充分地、完善地完成社会化，那么他就可能会对社会产生一定的危害，因此必须努力促进人的社会化。很多学者都提出了通过体育教育、体育运动来促进人的社会化。这是因为，人在参加体育运动或者体育比赛时，都需要遵守项目的规则和要求。而遵守规则放到社会领域便是遵守法律法规、遵守纪律等。体育比赛中强调的公平公正，如果延伸到生活中，就是追求社会的平等和公正。在参与体育比赛的过程中，需要跟不同的人交往，如队友、裁判、观众等，这些都可以帮助人适应社会中的角色，通过参与和体验，不断修正自己的行为。体育教育是一项非常好的促进人的社会化的活动。

（4）进行爱国主义教育。在体育教育活动中，体育比赛等活动可以激发人们的爱国热情，是一项非常好的进行爱国主义教育的手段。我们时常能在奥运会、世界杯等世界性大赛的舞台上看到运动员在取得胜利后披着国旗绕场一周的画面，这些都能很好地给观看比赛的青少年传递强烈的爱国热情，进行良好的爱国主义教育。国际比赛前的奏国歌仪式总能激发人们爱国的热情，让人们接受爱国主义的洗礼。因此，各种形式的体育活动和比赛是最好的爱国主义教育。

（二）体育教育的延伸功能

体育教育除了本质功能以外，还有一些延伸功能，其延伸功能主要包括娱乐功能和经济功能。

1. 娱乐功能

在进行体育教育过程中，可以感受到体育活动与娱乐的天然联系。体育运动中本身就包含着娱乐的元素。体育教育过程中为学生安排的体育游戏就含有娱乐的成分，现代的体育教育已经不单单是传统意义上的体育课了。人们在闲暇时间参加一定的体育教育活动，如参加体育培训班接受健身指导等，都可以缓解人紧张的情绪，让人产生快乐的情绪，从而起到娱乐的功能。

2. 经济功能

体育教育的经济功能主要体现在以下几个方面。一是通过让人学会体育技能，参加体育运动，促进人的身心健康，从而可以为国家和社会健康工作，就如那句口号一样"每天锻炼1小时，健康工作50年"。一个人只有拥有健康的体魄，才能为社会创造价值，创造经济效益和社会效益。这是体育教育经济功能的间接体现。二是现代社会已经拥有了很多的体育教育培训机构，通过培养青少年的体育技能来产生经济效益，这是体育教育的经济功能之一。三是通过体育教育可以培养一批竞技运动员，而优秀的竞技运动员可以成为体育明星。体育明星具有很强的吸金能力，如一些足球运动员的代言收入可以达到几千万美元，这是他们产生的经济效益，也是体育教育产生的经济效果。

第三节　体育教学的现状与创新

一、体育教学现状

近年来，学校体育教育已经成为体育教育领域中重点关注的问题，许多专家学者都将研究的目光锁定到这个领域，而高校体育教育更是其中的关键。一时间，许多关于改革高校体育教育的理念和方案被提出来。然而在经过更加深入的论证和实践的尝试后发现，其中许多方案的实施存在问题，不能如预期那样给体育教育带来效益上的明显改变。为此，要想提出最恰当和符合我国教育情况的方案就应该先从最基本的高校体育教育现状开始分析。通过对大量相关文献的研究，目前国内外的教育形式可归纳为以下几种类型。

（1）传统守旧的体育教育。

（2）基于学生体育的体育教育。

（3）基于竞技体育的体育教育。

（4）快乐体育教育。

（5）基于个性特征的体育教育。

（6）基于传统项目的体育教育。

（7）基于发展能力的体育教育。

（8）注重体能的体育教育。

（9）基于终身教育的俱乐部体育教学。

目前来看，我国绝大多数的高校体育教学形式更多依旧采用传统的体育教学模式。这种模式把走、跑、跳、投等基础运动作为主要教学内容，为了确保教学模式的统一性，追求教学程序循环渐进的结果，会侧重于某一层面，而不能照顾到更加全面的需求。这就是体育教育改革的着手点，但是目前的改革也并不理想，一种改革只是盛行一时，没有推动改革浪潮的兴起。

目前，随着中国高校体育教育重要性的日益凸显，教学目标和教学需求也随之增加。在对教育进行改革的同时，要把素质教育作为教育改革和发展的主题，并与科学技术、经济、文化、社会相结合。因此，高校体育不再是提高学生体质的一种简单方法，而是一种全面的素质教育方式，使大学体育充分发挥个人才智，促进个体发展。基于这样的环境背景，高校体育教育应该具备的功能如下。

（1）增设"野外生存体验""攀岩登山"等新课程，在课程开展的过程中，适时地增加难度和阻碍，使学生在扫除阻碍的过程中，发散思维，借助团体的力量，共同面对困难并想办法解决，提升适应能力，培养吃苦耐劳的精神，强化团队意识。

（2）课程的设置要以学生的兴趣、喜好为基础，添加一些时代元素，要吸引学生参与其中，在体验的过程中感受快乐，要让他们有成就感，培养他们自信、自强、乐观的心态。

（3）提升学生的沟通交流能力、组织能力等，促进身心健康发展。

二、高校体育教育现状中的问题

高校体育是国民体育的基础之一，是全面发展教育不可或缺的组成部分，它对培养有理想、有道德、有文化、有纪律的社会主义建设人才，增强人民体质，建设社会主义精神文明有着直接或间接的效能，所以党和各级政府历来都很重视高校体育教育。

随着改革的不断深化，高校体育较之以往有了很大的发展，但同时，也必须看到在我国市场经济发展的新的历史时期，社会发展对培养人才提出了更高的要求。在学校教育的内涵和外延不断扩大和丰富，大众体育逐步普及和竞技体育飞速发展的社会背景下，作为高等学校教育工作的重要组成部分和培养学生全面发展的主渠道，从某种角度上看，其现状已不能满足现如今社会发展的需要。因此，了解高校体育的现实情况对高校体育以后的发展具有重要意义。

卢元镇教授在《中国学校体育必须走出困境》中总结了我国学校体育面临学生体质状况下降、"每天锻炼一小时"不能得到落实、中小学体育课被挤占和体育课低质量、学校体育不能为国家培养竞技运动后备人才和学生运动竞技不能纳入国家比赛体制四个方面的困境。这些情况除了体育课被挤占在高校体育没有涉及之外，其他几个方面的困境也同样是高校体育面临的现实问题。但是，现实中的高校体育不仅要面对这几方面的困境，还要面对其他诸多影响高校体育良性运行方面的困境，如有来自教育制度方面的，也有来自体育理论和实践矛盾等方面的，具体来说有以下几个方面。

（一）大学体育功能的弱化

学校体育是促进青少年全面发展的重要内容，对青少年的思想品德、智力发育、审美素养的形成都有不能代替的重要作用，是进行爱国主义、集体主义教育，弘扬民族精神、传承民族文化的重要途径。大学体育是我国各个大学必不可少的一门基础课。体育课的目的在于进一步增进学生的身心健康，努力提高学生的体育活动能力，使学生在校期间能精力充沛、更好地进行学习，为将来建设祖国、保卫祖国打下良好的基础，真正变成德、智、体全面发展的人才和接班人。体育的功能可以总结为七个方面，即健身功能、娱乐功能、促进个体发展功能、社会情感功能、教育功能、政治功能、经济功能。

当前我国高等学校体育课主要有三种形式：一是普通体育课。主要进行全面的身体锻炼，这类课大多在大学一年级开设。二是专项体育课。为满足学生不同的爱好和个性发展，进一步提高某项体育运动技术、技能，使之在全面发展的基础上有所专长，有利于开展终身体育。这类课一般在大学二年级开设。三是保健体育课。这是为体弱或患有某种慢性疾病的学生开设的，带有医疗性质的体育课。目的是通过适当的体育活动，改善学生的健康状况，使其早日恢复健康。体育课的内容和方法皆视学生的具体情况而定。

从大学体育实施的情况来看，大学体育功能并没有得到完全发挥，甚至有弱化的现象。其中，从大学生体质健康状况来看，体育总局发布的 2010 年全国学生体质和健康调研结果表明，大学生身体素质继续呈缓慢下降的趋势。增强大学生体质健康是大学体育基本而且重要的功能，但是大学体育实施效果并不理想。

到 2020 年，我国已经进行了 6 次全国范围的学生体质健康测试，结果显示，现代疾病和青年人缺乏体育锻炼相关。我国中小学生及大学生的体质健康水平表现出明显的不协调，具体表现为形态发育水平提高，体能素质差；高身材、低素质等特点。另外，我国学生近视率一年比一年高，尤其是小学生、初中生近视率上升幅度明显；肺活量、爆发力、速度、耐力等素质水平呈持续下降趋势。

（二）体育课程实际地位低下

体育课程的实际地位低下是相对于体育课程的法律地位来说的。高校体育课程的主要组织形式为体育课堂教学，高校体育的法律地位也同样奠定了高校体育课堂教学的法律地位。但法律体系下的高校体育在具体实施中出现了较大差异，高校体育课程在课程建设、资源配置、课程实施等方面和其他学科课程相比，投入明显不足，影响了体育课程教学的顺利进行，影响了体育教育质量。

多年来，因为受传统体育教学思想的影响，很多人错误地认为体育教学就是要学习运动技能，通过跑跑跳跳、锻炼身体来增强学生体质，从而严重忽视了体育理论知识的学习和教学。

国家在体育教学方面安排了小学—初中—高中—大学 10 多年的体育课课时，并制定了《学校体育工作条例》系列法规文件。中国高等学校普通体育课教学大纲和中小学相比，主要有以下特征：①教材内容按运动项目分类，强调"田径是各项运动的基础"，把田径作为重点教材。女生规定学习篮球和排球，男生在篮球、排球和足球中必须选择两项。②规定了男女分班上课，对病弱学生开设保健课或医疗体育课。③没有具体划分年级要求，各校自行编订教学进度。中国高等学校普通体育教学大纲规定体育课是一门基础课，并列为考试和考查科目。根据学生的运动成绩、学习态度和掌握体育知识、技能的情况，评定学生体育课的成绩。许多高校在中共中央及教育部门政策的大力扶持下，组建学校的体育管理机构以及体育教师在职前和任职后的培训机构，并组织大量的专职研究者制定各种各样发展条件的标准，完善体育课程教学制度。但很多学生在毕业时就和体育运动告别，10 多年的体育教学并没有使终身体育概念深入人心，也没有培养出体育锻炼的技能和良好习惯。

（三）高校体育教材和教学内容陈旧

我国高校体育教材大多针对传授体育竞技技能编写，教学内容千篇一律、很久不变，没有体现出当今社会发展对体育教学培养真正需求的内容，和时代要求不相符，实用性比较差。体育课的内容、教学配置形式和考核方式的设计，以及课外体育活动内容安排和实施办法，当前有相当一部分院校基本上还是在使用20世纪五六十年代的运作模式，在培养目标上力求统一性，教学内容安排上强调系统性，考核标准注重竞技性，教学形式体现规范性，学生练习要求纪律性，所以这样的模式显得呆板、机械，以至于给高校体育的主体——学生的体育意识和能力在客观上造成障碍，使教师的主导作用和潜力难以发挥。

体育教材的编排多数以运动项目的单项教学和训练为主，背离了现代体育教学的培养目标，一定程度上忽视了多数学生的参与需求。很久以来，我国高校体育一直沿用竞技运动教材体系，采用培养运动员的教学训练模式来给大学生上体育课，因为过分注重技术动作的规范，对完成动作的质量标准有些高，被很大一部分同学视为"负担"，从而使他们对体育运动失去兴趣，这和高校体育教学的目标相"脱离"。无论运动训练还是体育教学，如果采用同一种运动技能教学模式，实施一个教学质量标准，就会忽视不同教学对象对体育运动需要的个性。普通学校体育教学中不分情况照搬竞技运动教学模式，一定会导致偏离教学基本目标，进而使高校体育陷入形而上学的沼泽。此外，体育教材的编排多数以运动项目的单项教学和训练为主，背离了现代体育教学的培养目标，一定程度上忽略了大部分学生的参与需求。最后，教材的编写没有考虑到学生特点、个性和兴趣的培养，不利于学生依据教材知识形成一套适合自己的锻炼方法和锻炼习惯。

三、高校体育教学创新

21世纪的高等学校体育，创新是教学改革最强烈的呼唤，也是时代的最强音。学校体育不仅有培养和发展人的创新意识、创新精神、创新能力的任务，学校体育的发展也要靠改革和创新来实现。创新方法真正落实到教学实践中，一个很重要的问题是对过去的教学模式、教学内容、教学方法进行积极的反思，提高教师对教学过程的反思意识。

（一）构成高等学校体育教学创新的基本条件

教学创新从本质上看，应是教师的一种能力，是一种在传统教学方案基础之上的提升，是在对传统教学过程不断质疑的过程中，教师对教学过程的一种逆向思维和发散思维。因此，高师学校要实现体育教学创新的目标，必须明确创新的指导思想，创新应具备以下基本条件。

1.提高体育教师的教学研究能力是实现教学创新的根本出路

体育教师要积极投身于教学实践与改革中，改变自己的职业形象，改变体育教师的职业形象，这要靠体育教师自身的努力，积极增强科研意识、参与学校的教学改革，不断进行反思，设计和运用切合实际的教学方法，才能使教学处于一种创新状态。从自然观察的角度看，任何外来研究者都会改变课堂的自然状态，要想达到观察的目的，又不改变原有的气氛与状态，做到原汁原味，就只能依靠教师。体育教师从教学实践出发，拥有更多的研究、创新机会，充分利用实践机会，大胆改革，创新先进的教学模式和教学方法，才能获得本身的生命力和尊严。

对于教学创新来讲，意味着体育教师要确信自己有能力构建新的知识结构，积极改进自己的教学实践。因为学校体育教学改革和创新的关键在于教师，改革和创新的任务最终要落实到教师身上。改变体育教师的职业形象，就必须下大力气提高体育教师的教学研究能力。以改革创新为契机，促进教师大量涉猎和收集教育教学信息，提高理论素养，增强情报意识，使教师较快地接受先进的教育思想、理论和观念，进一步拓宽知识面。教学创新是教师的一种积极的教学实践活动，是教师对教学改革的一种强烈愿望，是自觉自愿的行动。

2. 提高体育教师的教学效能感是实现教学创新的动力源泉

教师的教学效能感是影响教师素质提高的一个重要因素。也就是说，一个满足于现状、教学效能感不强的教师，很难在教学中有所创新。

从现阶段高师体育教学面临的困境来看，如何满足当前学生对体育的需要，如何实现教和学的完美统一，除了受学校教学模式、目标、课程、教法和教学环境、教学条件等诸多因素的影响外，还会受教师主观因素的影响，教师的教学效能感便是其中之一。教师的教学效能感是教师教育信念的重要组成部分，教师的教学效能感更多地表现在教师的师德和人格方面。高师学校要推动教学改革和创新的不断深入，加强教师师德的培养，将是未来教师竞争的焦点。

3. 拓宽教师继续教育的渠道、提高教师的教学能力是创新教学的基础

高校体育教师继续教育的必要性和必然性已经成为共识，在加强对教师继续教育的措施上，要采用灵活多样的方法，应重视对教师所学课程的正确引导，立足本职工作，把教学实践与所学课程结合起来，引导工作和学习相互促进。重视学科理论、理论素质的培养，重视教师教学艺术和技术的训练。改变教师继续教育的观念，更重要的是在选用教材方面，能够编制一套包括参考资料性的阅读教材、适合自学的通俗理论教材、适合答疑性的高层次结构导论式教材在内的继续教育的专门教材。只有这样，才能把教师的学习和工作有机地结合起来，促进教师教学能力的提高。教学创新需要教师专门的教学能力，教学能力是教师最基本的能力，是教师能力的综合表现，能力是知识内化的结果，知识是能力的基础。拓宽教师继续教育的渠道为进一步提高教师教学能力和教学质量，积极进行教学创新打下了坚实的基础。

（二）反思性教学对高师体育教学创新的启示

反思性教学是近些年西方一些发达国家兴起的新的教学实践。20 世纪初反思性文化的出现强化了教学主体的反思意识，给教育工作者以极大的启示。随着心理学和伦理学以及教育理论等的进步，人们认识到把增强教师的职业道德感或责任感作为反思性教学的基础，教师对教学的"合理性"追求，成为教学主体反思自身行为的动力。反思是教师自觉的行动，教师在长期的教学实践中，借助反思不断探究和研究解决教学问题。

1. 立足教学实际，创造性地解决教学问题

创新是对传统、常识、常规与秩序的修正、超越和发展。其实，教师和学生都是创新教学实践活动的主体，唤醒学生的主体意识，弘扬学生的主体精神，就必须在教学实践活动中，为学生创设一个宽松、民主、和谐的教学氛围。教师针对问题设计教学方案并加以研究，通过解决问题，进一步提高教学质量。立足教学实际，实施创新教学，培养学生的创新精神和创新能力，要重视学生创新智力品质的培养，又要抓学生创新等非智力品质的培养，在教学的各个方面都要重视对学生创新意识的培养。

2. 立足"两个学会"，加速教学过程的整体优化

由于反思性教学以"两个学会"为目的，因此体育教师在教会学生掌握运动技术的过程中，要让学生树立终身锻炼的思想，学会自我锻炼的方法。教师学会教学，本身就是一种不断学习和创新的过程，学会教学是为了更好地满足学生学习的需要，是教师对教学内容的进一步理解。

3. 增强教师的职业道德感

教师的职业道德感不仅是反思性教学的重要基础，也是教师创新教学的基础。教学创新要求教师要有更高的职业道德感，才能对教学中出现的问题进行思考，进而想办法来解决。教师要关注和研究同行在同一问题上的研究成果，在教学实践中加以推广和改进，只要有利于本地区学生的实际情况，有利于学生的发展，能够提高课堂教学效果，就是一种创新。

从一定程度上来讲，提高教师的职业道德感比提高教师的技术、技能更为重要。体育教学是一种积极的、主动的师生共同活动的过程，体育教学的过程也蕴含着创新教育的过程，改变教师的教育观、教学观、质量观、学生观，必须重视教师全面素质的发展。提高教师的自我效能感和教学效能感，使教师真正从"运动技术型"向"技术理论型、学者型"转变。

第四节　体育教学的发展与趋势

一、学校体育教学改革的发展历程

（一）学校体育教学的改革历程

改革开放以后，我国学校体育进入新的发展时期，表现出思想的多元化与实践的多样化。在指导思想方面，随着 20 世纪 80 年代初以增强体质为主导思想的确立，以往以传授运动技术、技能为中心的思维模式得以改观并逐渐被打破。

1990 年《学校体育工作条例》的颁布施行使增强体质、增进健康的主导思想再次得到确认，增强学生体质、增进学生健康作为学校体育的首要目标，已逐渐取得共识；随着思想的解放及认识的深入，快乐体育、终身体育、成功体育等多种学校体育思想也相继提出。由于认识的不断深入，对学校体育的结构功能与体育教学的结构功能也有了新的看法，明确了体育教学与学校体育在过程、任务、内容及评价等方面的差别，促进了学校体育实践的发展。随着基础教育向素质教育的转轨，从社会、生物、心理等多维看待学校体育的观念逐步形成，重视体育意识、习惯与能力的培养为终身体育打基础，并将学校体育看作终身体育的一个子系统，学校体育思想也逐渐形成。在体育教学方面，由于明确了体育教学与学校体育的区别与联系，逐步确立了以体育知识、技能教学为主的指导思想，并注重卫生保健知识及体育健身基本原理的教学。

在认识上逐渐注意到体育知识、运动技术、运动技能的区别，明确了增强体质与运动技术、技能及运动项目技能的关系。为处理好体育教学中运动技术、技能与增强体质的关系，1996 年，国家教委根据课程论研究的进展，颁发了《体育两类课程整体教学改革的方案》，将体育课程分为学科课程和活动类课程两部分，并对两类课程的目标及要求做出了规定。

体育课教学以追求运动技能提高的模式在认识上被打破。在体育教学的内容上，坚持健身性与文化性相结合的原则，在注意健身性的同时，也考虑内容的文化性，并注意对一些竞技运动项目做"教材化"处理；坚持民族性与世界性相结合的原则，在继承教学内容以现代项目为主的同时，重视对民族传统体育内容的引入；坚持统一性与灵活性相结合的原则，教学大纲规定的选修内容比例逐渐提高，使教学内容在统一基本任务与要求的指导下，表现出较大的灵活性。在课外体育方面，重视课间操、课外体育锻炼与课余运动训练。在内容上提倡丰富多彩，以发挥地区、学校的特色、传统，注意组织形式多样，重视校内与校外的结合，体育俱乐部的形式也开始出现。在课余训练方面，提倡为国家培养体育后备人才，重视课余训练和小学、中学、大学的"一条龙"制度建设。

（二）学校体育教学的改革趋势

从总体来看，随着素质教育的深入以及对学校体育功能认识的深化，学校体育的发展将会有以下几个方面的趋势：①在指导思想上，更注重社会需求与学生需求的结合，注重个性的发展，注重科学化与社会化的发展，注重体育意识、兴趣、习惯和能力的培养，注重体育与卫生保健的结合，注重体育教学与课外体育的结合，以求整体效益的获得；②在学校体育内容上，注重健身内容与竞技文化的结合，并注重竞技文化的"教材化"及多种变式的引入，健康及运动文化知识将更多地融入教学内容，地方性、民族性的体育内容也将更多地走进学校；③在组织形式上，学生体育俱乐部及学生体育团体将受到更大程度的重视，校内外体育组织形式间的联系也会得到加强；④在课余训练及竞赛方面，随着学校体育的发展及运动训练体制的改革，学生课余运动训练与竞赛将会有更大发展，并表现出多层次性的特点。上述发展变化，将对体育教师提出更高的要求，也将对旧有的体育教育专业的培养模式、课程模式进行改革。

二、体育课程改革历程与趋势

2001 年，教育部颁布了义务教育《体育（与健康）课程标准》。2003 年，又相继颁布了高中《体育与健康课程标准》（以下简称《课程标准》）。这昭示着新的体育教育思想和理念将成为我国基础教育体育课程改革和发展中的主旋律。基础教育体育课程改革对高校体育教育专业的课程改革提出了新的思考和要求。因为高校体育教育专业是培养基础教育体育教师的"母鸡"，理应主动适应基础教育体育课程改革和发展，加大、加快高校体育教育专业课程改革的步伐。"体育课程教学改革"对高校体育教育专业培养目标和课程设计有什么影响？这些影响的程度如何？以什么方式施加这些影响？都牵扯到一个基本问题，即"对第八次体育课程教学改革的基本认识"的问题，只有把这一问题梳理清楚，才能对上述疑问有清晰的认识，才能明确地回答，才能有效地解决。

（一）对第八次课程改革的基本认识

基础教育体育课程在课程理念、课程内容、教学方法、教师的行为等方面都发生了重大变化，强调"健康第一"和"以学生发展为本"的指导思想，重视课程内容的时代性和地方特色，注重教学方法的多样化，关注教师的职业专业化过程，特别是强调体育课程在增进学生的健康和促进学生全面发展方面的重要功能和价值。淡化体育教育专业中的竞技化教学倾向，牢牢树立"健康第一"的指导思想；丰富课程内容，应体现时代特征和地方特色；提倡多样化的教学方式，重在培养学生的实践能力和创新能力；提高学生未来的职业专门化意识，强化体育的健身育人功能。

（二）新课改对体育教育专业的直接影响

高等教育体育教育专业是培养中小学体育教师的摇篮，由此基础体育教育与高等体育教育专业有着血脉一体的内在联系；基础体育教育改革必然对体育教育专业发展产生较大的牵引作用，这些作用主要表现在以下几方面。

（1）是否承认知识、运动技术对体育教育专业的影响：淡化、轻视运动技术，直接导致学科与术科比例的失调，术科学时比例过小。这是在课程设置上导致学生运动技能下降的根源。

（2）是否承认教师的地位和作用对体育教育专业的影响：否认体育教师的地位和作用，必然降低体育教育专业学生的学习动力和兴趣，易导致学业无用论的结果。

（3）是否承认教材研究对体育教育专业的影响：否认教材研究的实质，即反对教材的完整性、系统性和规范性，易降低体育教育学科的科学性，进而引起体育学习的不完整、不深入。

（4）是否承认身体素质的提高对体育教育专业的影响：否认身体素质的提高就是否认体育锻炼的效果，就是把身体素质与健康割裂，将扰乱体育教育专业的学生对两者的正确认识。

三、现代体育教育的发展趋势

（一）"健康第一"的体育教育思想

健康是当今时代的主题，也是我国目前提倡的生活理念。接受一定的健康教育，对每一个人的成长和全面发展都是至关重要的。健康教育和学校健康教育的概念是1800年由美国的教育家霍列斯曼首次提出的。世界教科文组织也曾表明：每一位孩童都应当享有健康学习的权利，要注重提升他们的健康观念和具体的实践能力，提高全世界范围内民众的健康水平。所以，为了顺应时代的发展、社会的需求，在未来的教学活动中，要借助体育教学这一途径，强化对学生身体健康的教育，达到强身健体、提升品德素养、促进身心全面发展的教育目标。体育教育和健康教育两者是紧密相连且彼此促进的。基于此，未来的体育教育理念更要注重"健康第一"思想的贯彻，在体育教学中融入健康的元素，让学生意识到健康的重要性，掌握强身健体的方法，调动对体育的积极性。我国最新版的《体育与健康课程标准》中，也提出了"健康第一"的理念，强调促进学生健康成长是体育课程的最终目标。

（二）以素质教育为主线的体育教育

现代教育已经逐渐发展成为真正的素质教育，素质教育注重个体在各方面的发展，体育教育是素质教育的一个重要手段。其本质内涵在于学生参加体育锻炼，参与体育比赛，提高自身身体素质、心理素质、社会适应能力以及人格等方面的综合素质。在实行素质教育的过程中，身心健康素质是学生发展其他素质的重要基础。让受教育者参与一定的体育教育，使他们拥有优美的身材、强健的体质，身体机能也得到强化，并有助于平和心态和定期锻炼习惯的养成。因此，体育教育应该以素质教育为主线，不断提高自己的教育品质，丰富自己的教育内容，为培养全面发展的人才做出贡献。

（三）以创新性和快乐性为特征的体育教育

现代教育越来越注重对个体创新性的培养，创新是一个民族发展的动力源泉，有没有创造性思维也是衡量一个人综合素质的重要指标。因此，在素质教育发展的今天，任何教育都离不开对创新性的培养，体育教育也不例外。

因此，体育教育工作者应该在日常的体育活动中，注重培养学生的创造意识、能力和精神，通过一些体育项目中的技战术来训练学生的创造性思维，在体育教学中，让学生自己创造性地做出一些动作，如让学生自己创编徒手操、自己布置场上的战术等，不断提高学生的创造意识和创造能力。随着体育教育的不断发展，人们不断探索体育教育的形式。其中，日本出现了快乐式的体育教育，该模式流传到我国后，深受广大师生的喜爱，并且在一定程度上缓解了学生的厌学情绪。

快乐教育模式的含义可以从三方面进行理解。①激发学生的参与热情，提升他们对体育运动的喜爱度。②这种教育模式可以说是通用的，适用于任何群体，对每一个学生来说，都会起到促进作用。③顾名思义，快乐体育一定会给学生带来很多乐趣，会让学生感受到体育运动的意义和价值，会让他们变得更自信。从以上分析来看，现代体育教育越来越重视创新性在体育活动中的培养，而快乐性也日渐成为体育教育中的一个重要特征，这两个特征将会不断促进体育教育的发展和完善。

（四）以终身体育为目的的体育教育

"终身体育"的思想是 1965 年由法国成人教育家保罗·朗格朗提出的。苏联学者提出"终身体育"就是培养与发展学生从事体育活动的能力和学习的主导能力，让学生在学习时代就学会"一技之长"，养成与掌握终身进行体育锻炼的习惯和方法，使之终身受益。这种思想的确立极大地丰富了体育教育的思想，促进了体育教育的发展。

终身体育的含义包括两个方面的内容：一是指人从生命开始至生命结束始终坚持学习与参加身体锻炼，使终身有明确的目的性，使体育成为人在一生中始终不可缺少的重要内容；二是在终身体育思想的指导下，以体育的体系化、整体化为目标，为人们在不同时期、不同生活领域中提供参加体育活动机会的实践过程。

终身体育倡导人们不仅在学生阶段参与体育运动，更应该在人生的每个阶段都参与运动，也许每个阶段参与的运动项目不同，但都是为了促进身心健康的全面发展。因此，体育教育过程应该以培养人终身参与体育为目标，帮助其在掌握运动技能的同时，促进其形成运动健身的意识，激发其终身参与运动的兴趣，让受教育者充分认识到终身参与体育的意义和作用，这应该是体育教育的最终目的。

（五）探索"体医结合"人才培养模式

"体医结合"从表层进行理解就是体育与医疗的结合，即按照医学的理论体系将体育健身方法进行科学化归纳，使之处方化。在"体医结合"思想中体育具有健康（预防）、治疗、康复的作用。随着全民健身上升为国家战略，"体医结合"将成为推动健康中国建设，增进人民健康的重要战略依托。

北京体育大学副校长胡杨在接受《中国青年报》记者采访时表示，健康、医疗相关课程体系是体育专业院校社会体育指导员培养的薄弱环节。他还表示，体育专业院校的运动康复和运动人体专业的学生缺少体育技能实践能力，且专业知识主要为运动训练和运动损伤方面知识，缺乏健康、医疗方面知识，致使这部分体育人才很难即时转入医疗健身行业。

结合当前社会发展对体育人才的需求，体育专业院校应抓住机遇，探索"体医结合"

人才培养模式，拓宽人才培养新领域，培育体育专业院校新的办学特色。在"体医结合"思想中体育具有健康（预防）、治疗、康复的作用。

体育专业院校在探索"体医结合"人才培养模式过程中需要注意两方面：首先，探索"体医结合"人才培养形式及人才类型；其次，调整"体医结合"课程支撑体系。在"体医结合"形式方面，结合"体医结合"的指导思想以及大众的需求培养体育人才，主要包括传统中医学与体育的结合，竞技体育中的体能训练方法、身体监测及康复治疗在大众健身中的应用，民族传统体育与医学结合等形式。传统中医学与体育结合在成都体育学院中已经开展，并发展成为学校的特色专业；竞技体育训练方法与大众健身方式相结合，北京体育大学与首都体育学院也已经进行了实践探索，两个学校将竞技体育中的体能训练和身体功能训练方法应用到了大众健身和中小学体育课程之中，引起了强烈反响。

在传统体育与医学结合方面，北京体育大学成立了民族民间体育和体育养生专业，将导引术和太极拳等传统体育与健身、养生相结合。在体医结合人才培养课程体系方面，体育专业院校应当增设健身和医疗方面的课程内容，同时针对运动康复专业运动技术基础薄弱的问题，增加技术实践课程的学习。

（六）社会需求导向下的多元化人才培养模式探索

国家体育人才市场呈现出体育产业、高质量大众健身指导人才严重紧缺与体育专业院校培养的体育人才就业难的两极分化状态，反映出体育专业院校人才培养目标与社会需求的矛盾问题。由此体育专业院校应遵从社会发展需求，探索多元化的人才培养模式。

根据高等教育对人才培养类型的划分，体育专业人才可以划分为应用型人才、研究型人才、复合型人才。相应的人才培养也分为三种模式：应用型人才培养模式、研究型人才培养模式和复合型人才培养模式。应用型人才培养模式强调以社会服务为培养方向，注重理论知识和实践能力的掌握。

应用型人才培养模式是当前体育专业院校本科专业人才培养的主要方式。以社会需求为导向培养应用型体育人才，需要体现出"厚基础、宽口径""理论与实践并重"的培养方针，通过多种必修课程和选修课程拓宽学生的理论基础知识面，同时应当紧跟社会发展及时增加新兴知识，以适应不同的社会需求（如运动康复专业应增加健康、医疗课程，以适应"体医结合"人才需求）。另外，要注重学生的实践技能与实际操作能力的培养，以适应工作岗位的需求（如体育教育专业、运动康复专业的运动技术能力）。

研究型人才培养模式侧重对理性、学术与知识等目标的追求。研究型体育人才培养要注重创新、专业、博学的发展方向，创新指把握专业和学术发展前沿动态，不断探索未知领域；专业指在体育某个专业领域有较深的研究和建树；博学指掌握深厚的体育学科专业知识，具有较强的学习、研究和实践能力。研究型人才培养模式主要适用于研究生层次体育人才培养。复合型人才培养模式是应用型和研究型人才培养模式的结合，兼顾社会需求和科研导向，适用于办学类型定位于研究教学型的体育专业院校。

（七）办学过程开放化：办学社会化与交流国际化

在办学主体多元化发展以及高等教育市场化、国际化发展的时代背景之下，中国高等体育教育的单一办学体制已经呈现出多种弊端。由此高等体育专业院校应实行开放化办学，提高体育专业院校的市场化和国际化办学水平。首先，体育专业院校要面向社会，提高服务国家和区域经济发展的意识，加强与地方企事业单位的合作交流，拓宽办学资金来源；增加与地方科研机构、高等学校、兄弟院校的科研、教学合作，提高学校的科研、教学水平；加强与国家、地方体育局的合作，增加对体育事业的科技、教育、训练方面的支持。其次，在国际化办学方面，体育专业院校在前期办学成果的基础上，继续扩大对外交流合作的范围和深度，在学术研讨、科研项目合作、体育项目引进、跨国课程开设、留学生培养等方面加强合作，提高高等体育专业院校的办学质量，增加在国际高等学校的竞争力，加快"双一流"建设的步伐。

第二章　高校体育教育理念及其发展

第一节　高校体育教学理念

一、"健康第一"理念

（一）"健康第一"教育理念概述

1."健康第一"教育理念的基本内涵

"健康第一"这一理念在我国的提出是在 20 世纪 50 年代。新中国成立初期，国家体育发展面临的首要问题是国民体质较差、青少年儿童健康教育较为落后。在 1950 年，国家为了改变新中国成立之后学生负担太重、健康水平日益下降的基本现状，首次提出了"健康第一"思想。

20 世纪 90 年代，为了进一步促进我国体育教育改革，"健康第一"的理念和思想被再次提出并引起重视，这一时期的"健康第一"理念与 20 世纪 50 年代的"健康第一"理念有着本质的不同，它是在我国素质教育改革下的一种教育诉求，是一种具有创新意义的教育理念。

"健康第一"教育理念强调体育教学中的首要目标是要促进学生的身心健康发展，其次才是体育技能的提高，其在"学校教学忽视体育教育"和"体育教学以竞技体育为主要内容"的传统学校教育教学中是一种新的教育思想和观念的突破。

2."健康第一"教育理念的依据

（1）"健康第一"教育理念符合世界发展潮流

1948 年，世界卫生组织提出健康现代健康新理念。之后，世界各地开始广泛开展健康教育。为适应世界健康发展新趋势，我国提出了"健康第一"教育指导思想。1990 年 6 月，教育部和卫生部首次联合颁发《学校卫生工作条例》，依法将健康教育纳入学校体育教学，积极开展各种健身活动，关注学生的健康发展。学校体育教育教学的重点发生了根本性的变化，已经从"单纯的技能传授、重视学生体育技能发展"向"促进学生身心健康发展和社会适应能力的提高"方面转变。2005 年党中央国务院公布的《关于深化教育改革全面推进素质教育的决定》，进一步明确了在现代我国体育教育教学中坚持"健康第一"指导思想的重要地位与作用，在全世界都强调素质教育的大背景下，"健康第一"成为我国体育教育教学的重要改革指导思想。

（2）"健康第一"教育理念适应当代社会发展需求

当前社会，科技不断进步、经济发展迅速、生活节奏日益加快，人类的体力劳动越来越少了，又由于科技的进步，人们用于家务劳动的时间也大大缩短。长时间伏案工作所造成的"运动不足""肌肉饥饿"严重影响了人们的健康。

21世纪的人才是全面发展的人才，社会的快速发展与激烈竞争要求现代人才不仅要有正确的政治思想，具备扎实的科学知识和能力，还必须具备强健的体魄。要想在这个充满竞争的社会中立于不败之地，必须首先拥有一个健康的体魄。实践表明，学生积极参与体育健身活动，不仅强化了体魄，增强了抵抗力，还有利于学生良好心理素质和智力的发展，这对学生的个人发展、国家与社会的可持续发展都十分有益。

（3）"健康第一"教育理念的特点

"健康第一"教育理念内涵丰富，其在体育教学实践中表现出以下特点。

①强调素质教育。"健康第一"教育理念重视学生的健康发展，它指出，学校教育教学的首要目标是促进学生的健康成长，学生的身心健康比考试升学更为重要。

②健康的基础是身体健康。健康的体魄是人全面发展所依附的基础，是人类发展的基本标志。所有教育的开始都源于健康的身体。学校应首先重视学生的身体健康培养。

③健康的全面性。"健康第一"教育理念中的"健康"是一种多维的健康，是真正意义上的健康，不只是身体的健康，还包括心理健康、社会适应良好、生殖健康、道德观正确等。

（二）"健康第一"教育理念在我国高校体育教育中的实际应用

体育是一种身体文化现象，人的生理与心理是从事一切活动的基本要素。"健康第一"的出发点是每个人的全面发展，是学校体育发展的一种全新理念。"健康第一"教育理念的提出对于现阶段社会发展对综合素质人才的要求和学生日后的健康、全面、可持续发展具有非常重要的指导和帮助作用，体育教育促进健康的本质功能得到了充分的体现。

当前，"健康第一"体育教育理念在我国高校体育教育中的应用主要是，在"健康第一"教育理念的指导下，不断促进我国高校体育教学各要素的发展与完善，使之充分体现"健康第一"教育思想内涵，并在具体的教学过程中得以落实。

1.体育教学目标的明确

"健康第一"的教育理念为促进我国高校体育目标多样性、多层次的建构提出了新的要求。当前，"育人"是学校体育教学工作的最根本目标，技术教育和体制教育并不能完全作为学校体育实践的重心，应该把重心从单纯地追求学生的外在技能水平向追求学生的全面协调发展转移。这些都体现出了我国在学校体育改革中更加注重学校体育目标的人文倾向。

　　"健康第一"教育理念的科学贯彻落实，要求我国高校体育教育应重视学生健康知识与素养的全方面培养与提高，应将体育教育、卫生教育、美育等有机结合起来，"人的全面发展"是以健康的体魄为基础的，人类发展的基本标志之一就是健康、长寿。具体来说，学校应加强学生的营养指导，让学生了解有关营养、卫生保健的知识，并形成完善的体系，紧密结合学生生长发育与生活实际开展健康教育，使学生学会自我保护，预防疾病发生。此外，还要把学生青春期教育和心理健康教育作为健康教育的重要内容应用来抓好，并寓美育于体育之中，提高学生对体育的兴趣，提高其运动质量。

2. 体育课程体系的调整

　　课程体系改革是当前体育教学改革一个非常重要的方面。通过课程体系方面的改革，能够使教学内容更加丰富多样，还能够更好地满足学生的发展和社会的发展需求。

　　在"健康第一"教育理念的影响下，传统体育教学中的教学课时少、课程内容安排不合理、课程体系不健全的情况等得到了有效的改善。学校在设置相应的体育教学课程时，开始考虑学生身心各方面发展的需求，并且在课程中逐渐将学生作为课程中的主体。学校在进行教学内容和课程体系设计时，更加注重学生的个性和性别特点，并且开始根据学生的身体素质水平来提供丰富多彩的、供学生进行选择的体育教学内容各种体育教学内容在促进学生的身心健康发展方面越来越贴近、效果更加明显。

3. 体育教学方法的优化

　　体育教学方法是促进体育教学过程顺利开展的重要因素，在"健康第一"思想的影响下，通过多种形式的改革，体育教学方法日益丰富化和多样化，对于培养学生自觉的健康意识和健康行为发挥着重要作用。

　　当前，促进体育教学方法的优化是"健康第一"教育理念的一个重要要求，要求体育教学方法在体育教学中的科学应用必须能够实现体育教学对学生参与体育积极性和主动性的调动，使学生从主观上重视体育对健康的促进作用，使学生在体育教学过程中得到全面、健康的发展。

4. 教学评价体系的完善

　　在"健康第一"思想的影响下，体育教学的评价应以学生的体质增强、身心健康发展为重要评价依据。当前，新的体育教学评价体系不仅注重对学生进行全面的评价，还注重对教师教学方面的评价。在对学生进行的全面评价中，一方面，教师开始重视对多方面的教学效果进行量化分析，并且将定性评价和定量评价相结合，大大提高了体育教学评价的科学性，对于学生认识自身的不足以及获得学习的动力起到了良好的促进作用。另一方面，教师对学生的评价内容日益多元化，关注学生的多方面成长与发展，具体的评价内容开始不仅仅局限于主动其对技术技能的掌握情况，而是更加注重对其创新能力、学习态度、意志品质等方面进行综合的评价，真正关注学生的全面健康与发展。

二、"以人为本"理念

（一）"以人为本"教育理念概述

1. "以人为本"教育理念的内涵

"以人文本"是我国现代体育教学的一个重要教育理念与指导思想，它重点强调了教育中"人"的发展。"以人为本"教育理念指出，教育的出发点、中心以及最终归宿都是"人"，教育是以人为基础和根本的，教育的目的是人的发展。

2. "以人为本"教育理念的核心

（1）肯定人的重要地位和作用。充分肯定人性的，信任人的潜能、智慧，向往和追求健康体魄及身心和谐统一。

（2）肯定学生在体育教学中的主体地位与作用，对学生的人格、权利给予尊重，加以维护。

（3）客观尊重个体之间的差异性。具体到体育教学中，应充分了解和尊重学生之间的差异，做到因材施教，重视学生的个性发展。

（4）鼓励学生主观能动性的充分发挥，所有学生都能积极主动地学习体育知识和技能。

（5）保证所有学生都可以学有所得，学有所成，学以致用。

3. "以人为本"教育理念的教学要求

"以人为本"教育理念的教学要求具体如下。

第一，"以人为本"是现代教育发展的基本要求。教育实际上也是人的自我实现、自我理解以及自我确认的过程。

第二，"以人为本"教育理念要求在教育过程中重视人的自由、幸福、和谐全面发展以及终极价值实现。体育教学应该对学生的个性发展充分重视，使学生在体育训练中张扬个性，自由展现自我。体育教学在带给学生身心愉悦与快乐的同时，也应使学生的人性通过体育的方式得到最自然的流露，使学生在体育学习中自由宣泄和释放自己的情感。通过体育教学应促进学生的身体、心理、个性、品质的健康发展，使学生成为更完善、更优秀的个体。

第三，"以人为本"教育理念要求体育教育突破机器的教育模式，真正转变为人的教育。作为教育的对象，学生首先是一个"人"，其拥有人权和自我价值，这是教育的起点。现代体育教学应重视以社会需求为基础加强对全面发展的新型人才的培养。在整个体育教学活动过程中，要充分尊重和重视学生的个性、人权以及价值。

第四，"以人为本"教育理念要求体育教育应体现人文关怀。人作为体育教育的对象，是有理性、有情感的，思考的方向由情感决定，而思考的结果是由理性决定的。体育教育中只有先以情感人，才能以理服人。无论采取何种先进的教育方法和手段，都要注重面对面教育；不管采用多么发达的现代传媒手段，人和人之间面对面的融合和交流都是不可替代的；人文关怀的巨大作用始终不容忽视。因此，体育教育教学必须要有人情味，要时时刻刻以"人"为中心，以学生为中心和教学主体。

（二）"以人为本"教育理念在我国高校体育教育中的实际应用

21世纪，将"以人为本"的基本发展理念融入体育教育，是人类社会协调和可持续发展的基本要求和重要内容。新时期，"以人为本"是我国高校体育教育的主导思想。

当前，"以人为本"教育理念在我国高校体育教育中的科学应用具体体现在以下几个方面。

1. 体育教学目标的进一步明确

"以人为本"教育理念强调体育教学中社会本位目标与学生本位目标的统一。

首先，社会本位要求将体育教学的价值主体确定为社会，旨在满足社会发展的需要。

其次，学生本位要求在体育教学中以学生为价值主体，对学生个体的需要加以把握，以学生的兴趣、需要为出发点组织教学，使学生获得自由全面的发展。

"以人为本"教育理念要求有机统一社会本位目标与学生本位目标。具体来说，在体育教学中，不仅要注重社会价值目标，还要强调对学生学习动机和兴趣的培养，促进学生良好体育态度和习惯的形成；不仅要将学生学习期间应达成的短期目标重视起来，还应对终身锻炼的长远目标予以考虑。只有充分结合这两个本位目标，才能使体育教学目标真正实现，才能实现学生发展的长远功效与近期功效的有机结合，才能促进学生和社会的协调、可持续发展。

2. 体育课程内容的进一步丰富

"以人为本"教育理念指导下，现代体育教学内容越来越重视学生体育学习与参与兴趣的提高、越来越重视与学生日常生活的密切联系、越来越关注学生的多元化的体育发展需求。在体育教学实践中，体育课程教学内容的选择日益丰富，教师在对传统体育教学大纲所规定的技能方面的教材予以考虑的同时，注重将对学生体育兴趣进行全面的培养、对学生的人格发展有积极影响的教学内容引入课堂。

具体来说，当前教学内容的不断丰富和完善表现出以下教学内容的增多：具有娱乐性和趣味性的体育教学内容；具有创新性，有利于培养学生创新精神的教学内容；与社会和生活联系密切的，可以对学生终身体育能力进行培养的体育教学内容；更方便普及的健身性的体育教学内容。

3. 体育教学形式的进一步多样化

"以人为本"强调体育教学要以学生为主体，由于学生之间存在着客观差异，要做到以每个学生为本，关注和促进每个学生的成长与发展，就必须采取多样化的体育教学形式来满足不同学生的体育参与和学习需求，使每一个学生都能从情感上行动上乐于进行体育学习，为了实现和达到这一教学目的和效果，就需要教师在体育教学中采取灵活多样的教学形式（如群体训练、小组合作、个人自觉练习等）来组织教学，使体育教学形式更加灵活、体育教学过程更加有趣，使学生不会将体育学习看作是很难的一件事情，同时，学生还能在体育参与过程中充分展示自我，充分激发学生的体育学习与参与的积极性与主动性，并切实促进学生的进步与提高。

4. 师生关系进一步和谐化

"以人为本"强调学生在体育教学中的主体地位，体育教学的基本立足点是关爱学生生命，教师应尊重学生、关爱学生，在体育教学过程中，注重良好的师生关系的建立，这有助于体育教学过程的顺利进行。

首先，教师应尊重学生的人格和权益。对学生的独立性、个体性应予以尊重。

其次，教师应正视学生之间的差异性，在体育教学中要关注所有学生的体育学习，不能对学生失去信心而放任不管。

最后，教师应善于鼓励学生。教育鼓励是师生关系的润滑剂，鼓励可对民主、和谐的教学氛围进行营造，可促进融洽的师生关系的形成。在体育课堂教学中，教师要善于采用鼓励性的话语来激励学生，安抚学生。使学生在轻松自由的空间和氛围中，能够积极与老师、同学沟通与交流，从而获取更多的体育知识，获得更多的成功体验，并在这种体验中更加积极地配合教师完成学习任务。

5. 体育教学评价的进一步完善

"以人为本"的体育教育理念在体育教学评价方面，要求评价更加关注作为教学对象的学生的发展，而非只关注体育教学任务是否完成。

在现代体育教学评价中，评价应关注作为学生的"人"的发展，不同学生的学习能力有差异，所以一些能力高的学生轻而易举就能够获得高分，而能力相对较弱的学生付出很大的努力也难以取得理想成绩。因此，体育教学评价应是全方面的，全面评价需遵循"以人为本"原则，要将学生的全面发展充分重视起来，力求通过全面评价充分了解学生对体育学科的态度、参与体育锻炼的情况以及对体育技能的掌握和运用情况，教学评价内容应涉及学生的平时表现、素质达标、技术技能运用等多个方面。教师要针对不同的学生采用不同的评价方法激励每个学生都能有所进步与成长。

三、"终身体育"理念

（一）"终身体育"教育理念概述

1. "终身体育"教育理念的内涵

终身体育，具体是指在人的一生中都要进行身体锻炼和接受体育教育与指导，终身体育强调在个体生命整个过程中不同时期的体育，即体育健身贯穿于生命的全过程。

"终身教育"理念是社会发展到一定阶段的产物和现象。社会发展到今天知识更新换代越来越快，从而要求人们对知识的学习要不断跟进。在这种社会条件下，必然会产生终身教学的理念。必须充分认识到，"终身教育"理念的形成和社会发展有关，是多种因素共同作用的结果。具体分析，其形成有外部社会客观因素的作用，当然也有教育内部的一些主观因素的影响。外部因素提出了终身教育的要求，内部因素为终身教育形成提供了理论和基础，二者结合，最终才能形成现在的"终身教育"理念。

"终身体育"是终身教育的重要组成部分，它包含两方面的内容。首先，个体在正确认识与理解终身体育锻炼后产生内在需求，形成强烈的锻炼意识，该意识会激发个体自觉进行体育锻炼的动机，从而使其形成终身体育思想，只有先树立一定的意识，才会形成内在动机，并慢慢养成良好的体育运动习惯；其次，人的生命过程会经历不同的阶段和时期，不管在哪个时期，都应该坚持进行身体锻炼，养成终身体育锻炼的良好习惯，养成健康的体育习惯是终身体育健康发展的根本源泉。

2．"终身体育"教育理念的特征

（1）体育锻炼时间的终身性

"终身体育"是一种先进的教育理念，它突破了传统的学校体育目标过分强调学习和掌握运动技能的观念，打破了传统的体育教学观念把人接受体育教育的时间仅仅局限在在校学习期间。"终身体育"教育理念关注个体的整个人生的生长发育、健康成长、养生保健，强调体育参与可使人受益终身，应终身参与。

（2）"终身体育"锻炼群体的全民性

"终身体育"教育理念是面向整个人类的一种教育理念，不仅仅局限于学校中的学生，还包括社会大众在学生从学校毕业进入社会之后，体育教育依然应该得到重视。体育教育贯穿人的一生，终身体育锻炼具有全民性。体育教育是一个系统工程，人们要想更好地生活，就要把体育与生活紧密联系在一起，积极参与体育锻炼并促进身心健康发展。因此，每一个社会成员都应该重视和积极参与体育锻炼，将"终身体育"覆盖社会各个群体间。

（3）"终身体育"锻炼目的的实效性

"终身体育"强调通过体育参与促进个体的终身健康、全面发展，因此，终身体育的锻炼内容、方式、方法等必须与个体的生活、学习、工作等密切结合起来。

"终身体育"以适应个人发展和社会发展为根本着眼点。人们为了改善自己的生活质量，根据自身条件合理选择适合自己的体育方式，做到有的放矢，具有较强的针对性和实效性，有助于促进运动者自身的全面发展和终身发展。

3．"终身体育"与学校体育的关系

（1）终身体育与学校体育的相同点

共同的体育目标——育人。健康的身体是工作、学习、生活的基本保障，是人们参与现代化建设的前提条件。终身体育有机融合了身体锻炼、工作及生活，提倡终身坚持体育锻炼。学校体育主要是对德、智、体全面发展的人才进行培养，促进学生身体素质、心理素质及智力和社会适应能力的全面发展。

共同的体育手段——身体锻炼。终身体育强调个体应养成终身参与体育锻炼的习惯，在人生的每一个阶段都积极参与体育健身锻炼。体育教学以学生的身体练习为主要教学手段，旨在通过学生的各种体育活动参与促进学生的体能、技能、心理、智能的发展。

共同的体育任务——掌握知识和技术，提高运动能力。掌握体育知识与技术是个体参与体育锻炼的重要基础，也是学校体育的重要教学目标与任务，学校体育教学是终身体育教育的一个重要阶段，离开这个阶段的体育教育，终身体育就不可能实现发展，学校体育教育应与终身体育教育充分结合起来。

（2）终身体育与学校体育的区别

体育参与时限不同——终身体育贯穿人的一生，学校体育只负责学生在校期间的体育教育。

体育教育对象不同——终身体育以全社会所有成员为教育对象，学校体育以在校学生为教育对象。

终身体育的建立与形成与学校体育教学的发展有着极为密切的关系。终身体育作用于个人，由相互联系、相互影响的学校体育、社区体育、家庭体育构成，并要求学校、家庭、社区均应开展体育活动，为个体提供参加体育活动的机会。终身体育贯穿人的一生，对社会而言，终身体育是全体国民的体育，终身体育与学校体育的统一是终身体育追求的最高目标。

（二）"终身体育"教育理念在我国高校体育教育中的实际应用

"终身体育"教育理念的形成能有效促进我国体育教学的发展。树立终身体育教育教学理念是我国高校体育教学目标改革的指导思想，也是我国高校体育教学发展的落脚点。终身体育能否实现，在很大程度上取决于这种观念是否树立和能力是否形成。

1. 学生"终身体育"思想的培养

人们参与运动并坚持长期从事体育锻炼，首先应对"终身体育"教育理念有正确的认识，在此基础上，才能建立和培养"终身体育"教育理念。

就当前整个社会发展背景来讲，现代社会生活节奏越来越快、竞争越来越激烈，每个人都面临着来自各方面的压力。人的健康生存与发展是以健康的身体为基础和前提的，如果身体状况不理想，很难应对学习、生活和工作中的问题，即便可以勉强应对，也不会过上高质量的生活。

终身体育锻炼可以增强个体适应、抗击压力的能力。只有充分认识到这一点，个体才会主动去参与体育锻炼，这种科学的体育认知与体育情感共同决定着体育行为。

在体育教学中，对于学生来说，要想树立终身体育的观念，教师必须正确引导学生科学认识和理解体育的价值，端正学习体育的态度，积极学会体育锻炼的技能，掌握体育锻炼效果评价的方法，形成终身体育能力，为终身体育锻炼奠定基础。

2. "终身体育"教学内容的设置

在高校体育教学中，不能只追求学生某一特定的运动技能和运动的熟练程度，而是重视学生学会能自我分析自身的身体锻炼和综合的运动实践能力，加强对学生终身体育意识与运动能力的培养，并以此为核心来对体育课程进行多功能和综合性的开发。

具体来说，就是要求学校体育课堂教育的延伸与拓展，使学校体育向终身体育延伸。一方面，在设置体育课程目标时，要客观评估学生体能、身体素质及其对体育知识和技能的掌握情况。在实施目标教学前，教师应充分了解与分析学生的现状，以体育课程终身体育教学目标为导向组织体育教学。另一方面，在选用体育课程内容时，应重视对休闲体育项目、时尚体育项目的引进，开展能够激发学生体育兴趣和潜能，调动学生体育积极性和创造性的新兴项目，如健美操、瑜伽、体育舞蹈、网球、跆拳道等，使学生在轻松愉悦的氛围中掌握体育技能，切实提高学生的运动能力。

3. "终身体育"教学方法的运用

现代体育教学中，贯彻落实"终身体育"的关键在于学生体育学习兴趣的持续培养与提高，在体育教学中，教师应采取科学有效的富有创新的教学方法展开教学工作。在教学过程中注重采用多元化的教法，争取每节课都取得良好的成效，能够以不同学龄段学生的情况为依据有针对性地选择相应的教学方法，以不断活跃课堂气氛，使学生在欢乐气氛中形成体育兴趣，同时，有效避免教学中的一些因素对学生的阻碍，使学生在体育锻炼中感受快乐，树立自信，增强体育意识，全面提高学生的认知能力、技能水平，使学生获得良好的情感体验，进而主动参与体育锻炼。

4. 学生需求与社会需求的统一

"终身体育"教育理念是体育教育教学的重要指导思想，对于充分发挥体育的教育作用，促进学生的身心健康发展、社会适应能力的提高，满足当代社会对人才发展的需求具有重要作用。社会劳动力由不同年龄段的人构成，只有使身体保持在最佳的状态，才能更好地适应现代社会发展的需要，所以应在不同的人生阶段选择不同的锻炼方式和内容。无论是何年龄段、何种职业，都面临着对它的选择，以保证自己有更加充沛的精力，身体更加健康，更好地适应现代社会的发展以及满足未来生活的需要，而这种伴随人生一起发展的体育，就是终身体育。

学校是培养社会所需人才的重要场所，无论何种人才，都必须首先拥有一个健康的身体，因此，高校体育教育应该重视把国家需要、社会需要与学生个体需要有机结合起来；把追求体育的健身价值与人文价值有机结合起来；把传授体育知识技能与终身体育教育有机结合起来，全面提高大学生的体育素养，促进大学生终身体育能力的提高，以符合社会发展对人才的体质、体能要求。

在这里需要特别指出的一点是，学生的终身体育发展为社会对人才的需求奠定了基本人才素质基础，但学校体育教育是多方面的，不能单纯为社会需求发展服务，还应充分考虑"以人为本""健康第一"。此外，"终身体育"教育建立在"学会认知、学会做事、学会共同生活和学会生存"四个支柱之上，其实施不是某个单一教育环境所能进行的，需要社会整体参与，必须加强社会各种教育部门之间的紧密联系才能保证终身体育的真正贯彻和落实。

第二节　高校体育教育理念的改革创新

一、现代体育教育理念改革发展的突破点

（一）正视多元体育教学理念的存在与发展

人类社会的发展过程中，随着人的认知不断深入与发展，许多新的观点和理念不断提出，在包括体育在内的教育领域，教育理念与观点的发展也是如此。在体育教学的发展过程中，不同的体育教学理念之间既有相同之处，又有相互对立和矛盾的地方，但正是因为有这些争论与矛盾的存在，才使体育教学理念能够不断发展、不断突破，更具活力。

现阶段，我国体育教育理念的改革与突破应建立在充分借鉴多元体育教育理念的基础之上，更加突出具有现实意义的思想理论的重要性，使这部分理论进一步发展壮大，以不断丰富当前适合我国高校体育教育国情的体育教育理念体系的完善。

（二）结合体育教育理念的特点、规律和趋势来推动其改革与发展

一般来说，当一种教育现象和问题出现之后，会引起相关学者的关注与研究，并据此提出一些观点与看法，最终形成一种新的观念，从这一思想发展规律可以充分认定，体育教学理念具有一定的滞后性，因此要对社会的需求及时加以预测，及早对高校体育教育教学理念进行改善。

现阶段，我国经济发展迅速，人们生活条件在不断改善，因此逐渐拥有了更高层次的需求。随着社会的不断进步与发展，人越来越受到重视，教育对人的关注也成为一种必然。

随着我国高校体育教育教学改革的日益深入，越来越多的人逐渐认识到不能再单纯地将教育结果、知识传授看作是教育的一切，不再单纯对社会和集体进行高度关注，而开始将关注焦点转移到"人"身上，我们要提倡一种能够服务于人的全面发展的有价值的教育理念，而且该思想应该关注社会上每个个体的发展。

现阶段，我国教学改革的重要方向之一，就是对人性化教育、人本化教育与教育的意义与价值方面的改革。"人本"强调人的全面发展和自我实现，它对学生的自我体验是高度重视的。体育的过程是培养学生的社会性活动的过程，在这一过程中，人既是教育的出发点也是最终的归宿点。如果教育缺少了对人的社会性的培养，就失去了其所具有的独立存在的价值和本质特征。

（三）根据体育教育理念的发展影响因素来促进其改革与发展

体育教学理念在不同的时期会表现出不同的特点，这与人的认知与社会客观发展环境有关。确切地说，理念是一定历史时期的产物，不同的历史因素必然会对其产生、发展及变化造成影响。

　　体育的发展受到各方面因素的影响，在体育文化现象发展基础之上的体育理念也受到这些因素的影响。体育文化与社会经济的发展有密切的关系，并受社会经济发展的影响。在现代，经济比较落后的国家的运动员只能在简陋的条件下进行训练，其训练效果是不可能与经济发达国家的运动员相比的。科学技术的发展也对体育的发展产生了极为重要的影响，从某种意义来说，现代体育尤其是竞技体育运动的发展，已经逐渐演变成一场"科技战争"。体育运动发展过程中的每一次记录的产生，都包含诸多的科技要素。

　　在各个层面对体育产生重要影响的大背景下，必须要及时防止体育教学理念受到上述因素的不良影响，同时将这些影响因素中的有利因素充分利用起来，使其推动体育教学理念的发展。体育教学理念的发展会受到社会因素的影响，所以我们要不断对新的社会需求进行探索与分析，并据此来加强对教学思想的改善，同时进一步引导社会的健康发展。例如，利用政策对一些有意义的体育教学法规进行颁布，贯彻落实体育教学理念。

　　此外，除了上述几个影响因素以外，理论发展因素也会影响体育教学理念的发展，针对这一点，必须要对体育学科理论不断进行研究，使体育理论不断丰富和完善，从而推进体育教学理念的发展。同时，还应对相关学科和国外体育理论的发展予以关注，将有益的思想积极引进高校体育教育中来，以不断促进我国体育教育理念与教育事业的发展。

二、现代体育教育理念改革发展的方向

（一）向层次性和延续性方向发展

　　新时期，各种体育教育理念与体育教学思想不断涌现，这些不同的教育理念与教学思想在不同程度上都推动了体育教学的发展，为体育教学的改革指明了方向，使体育教学改革步伐不断加快，促进了体育教学质量的提高。

　　就体育教学实践来说，教学对象是体育教育发展改革应该重点关注的对象，而不同年龄段的学生，他们之间在很多方面都存在着显著的差异，所以从教学指导思想在教学实践中的运用可以看出，体育教学理念表现在各年龄阶段体育教学重点倾向性相似，教材的处理、教法的选用和组织安排不符合学生的身心特点及地区特点等，这些都对高校体育教育改革进程形成了一定程度的制约。

　　新时期的体育教育改革应该重视学生的长期、可持续发展，在教育理念上，要重视教育的层次性与各阶段的延续性，通过体育教学的科学组织与实施，结合不同年龄段学生的特点对相应的体育教学指导思想进行构建，使之具有鲜明的层次性，以科学把握教学改革目标和教学改革方向，进一步优化教学改革进程控制，不断促进高校体育教育的育人效果。

（二）向人文教育和科学发展观方向发展

　　在我国素质教育改革的推动下，我国高校体育教学理念从唯"生物体育观"转向了"三维体育观"（由生物、心理、社会因素构成），这就使体育在健身、竞技、娱乐、文化和

社会等方面的功能得到了进一步的拓展，使我国体育教学在传授"三基"、增强学生体质的同时朝着多元化的目标和功能方向发展。

在充分借鉴和引进休闲体育思想、快乐体育思想、终身体育思想等的基础上，我国体育教学理念得到了进一步发展。此外，在 2008 年奥运会成功举办后，人文奥运理念已深入人心，在一定程度上，奥林匹克运动也对我国学校体育的发展产生了重大的影响，未来学校体育会向着以人为本的方向迈进和发展，会更加重视学生的需要和全面发展，以"人文体育观"为核心的教学思想将会在体育教学中发挥更大的作用。

现代体育教育教学的发展离不开对人的关注，其重要的一点在于关注人的全面、可持续发展。

新时期的高校体育教育理念应将重点放在"重视学生综合素质教育"和"培养优质人才和促进人才的科学发展"两个方面。一方面，在现代学校体育教学改革发展形势下，体育教育只有改变以往的"知识型"人才的培养，转而走向"创造型"人才的培养道路，树立全面育人的教育观念和意识，着重培养和提高学校学生的综合素质和能力，才能最终实现素质教育的目标。另一方面，应不断强调教育的育人作用，通过体育教育促进现代人才的培养与科学、持续发展，使学生在校期间能接受正确的体育观念的教育，使学生得到锻炼身体能力的培养，使他们对体育运动对人体短期、长期的各种影响有一个深刻的认识，在观念上使学生把参与体育作为一种自觉的行为，作为成为现代社会人才的一种基本素质进行培养与提高。

（三）向教育理念的综合化方向发展

21 世纪以来，我国学校教育发展迅速，高校体育教育也要适应新时代的发展潮流，不断革新观念，以科学的、合理的、人性化的教育观念促进学校体育的发展，让学生在健康第一思想的指导下，获得身心的全面健康发展。

当前，素质教育是一种发展中的新的教育理念，它具有非常丰富的内涵。现阶段，我国素质教育还处于探索阶段，人们试图通过不同的途径，采用不同的教育理念去对体育教学实践进行指导，以使体育素质教育获得新的发展。

随着素质教育的不断推进，迫切需要从其他相关理论中对"合理内核"加以汲取和吸收，以不断丰富和完善素质教育理论体系。体育是教育的重要组成部分，其服务于人的全面教育，所以在学校体育教学中，应顺应素质教育的潮流，确立"健康第一""终身体育"与素质教育相结合的体育教学理念，在体育教学中，要始终将"健康第一""终身体育"的指导思想放在首位，这两个教育理念的作用和价值是不可轻易动摇的。只有充分认识到这一点，才能进一步深化素质教育改革。总的来讲，素质教育离不开"健康第一""终身体育"，前者是后者的发展基础，后者是前者的发展要求。

三、现代体育教育理念的科学创新策略

思想对个体的行为具有重要影响。传统体育要想在学校体育教学中获得根本上的进步必须要转变教学思想与教学理念。实践表明,只有在思想理念上做出创新,才能推动传统体育教学的改革,转变教学中不利于体育运动发展的一切困难与阻力。随着我国素质教育深入发展,创新我国高校体育教育的理性思考是学生及时掌握运动技巧和运动技能的重要途径,也是培养学生积极向上的人生观、价值观的重要策略。

现阶段,实现体育教育理念的科学创新,应从以下几方面着手。

(一)更新传统体育教学理念

我国体育教育具有悠久的历史,在漫长的发展过程中,教育理念的发展几经变化与发展,在不同的时期都对体育教学的发展起到了重要的作用。在传统体育教学发展和改革的过程中,生物体育观是其基础。在新的历史时期我国在人文体育观念的影响下,教学改革过程中出现了"学习领域目标""课程目标"等一些新的概念。在教学过程中,对教学目标也进行了多方面的层次和类别划分,确立了"身体健康""运动技能""心理健康"和"社会适应"等立体化的多维健康的教育教学目标。

随着我国体育教育教学的不断发展,在我国改革开放社会经济转型的时期,素质教育被提上日程。在开展大学管理、教学等方面的活动时,处处体现着人文关怀的印记。在教学过程中,将其他所需要达到的目标穿插其中,从而让教学环境变得更加生动,学生的体育学习和参与积极性不断提高。

新时期,我们对体育教育理念也应有所转变,应以终身体育观为出发点,对体育教育的认识由低级走向高级,由封闭走向开放,由单一走向多元,由局部走向整体。在创新教育理念的指导下,应充分强调教育理念的创新性和时代性,从提高创新素质、塑造创新人格、培养创新人才出发,对体育教育规律及特征理性进行认识与判断,使体育教育理念与思想更具系统性、指导性、时代性和创新性。

(二)融合多元体育教学理念

在体育教育的发展过程中,诸多体育教育教学理念被先后提出,这些体育教育理念并非都是先进的教育理念,有些教育理念只在特定的历史时期对体育教育起到重要的推动作用。全球化背景下,各种思想文化处在不断的发展和融合之中,教育思想也呈现出这一发展趋势,随着我国改革开放的深化进行,我国的学校体育教学思想呈现出多元化的发展趋势。

随着社会和时代的变革,不同教育理念对体育教育的指导作用也会表现出不同的促进或者阻碍作用,对此应科学分析、批判继承与发展。

从国外教育理念的发展来看,以科学主义教育思想与人本主义教育思想发展为例,科学主义教育思想对经济社会的发展具有重要的促进作用,符合社会发展的主流势,随着教

育价值多元性逐渐被人们深刻的认识，人本主义教育思想逐渐呈现出与科学主义教育思想相融合的趋势，现代人本主义教育思想得以确立，其关注学生的健康全面发展，值得在新时期的高校体育教育改革与发展过程中进行思考与科学教育实践指导。

从国内外教育理念的不同来看，受多方面因素的影响，国外与我国体育教学思想之间存在着较大的差异，因此，比较与融合中外不同的体育教学思想，指出二者之间的差异性非常有必要。通过对比，我们既要吸收外国体育教学思想中优秀的部分，又要摒弃其糟粕；既要总结我国体育教学优秀的思想，也要放弃不合时代的内容，同时还要比较中外文化背景差异性，比较中外体育教学思想的共性与差异性，从共性中寻找结合点，从差异性中寻觅不同的功能，把中外体育教学思想有效地整合起来，进一步完善我国体育教育理念的内容，从而促进我国高校体育教学的不断发展。

（三）体育知识（技能）教育与文化（人文）教育的整合

体育知识（技能）教育是以体育知识（技能）为本或为中心的体育教育；体育文化（人文）教育是一种由内容到层次都很丰富的体育教育。

现代体育教育理念关注学生的全面、科学、可持续发展，关注高校体育教育教学的全面、科学、可持续发展。在具体的高校体育教育实践中，不仅要向学生传授体育知识（技能），更要传承体育文化（人文）的精髓，使学生在学习体育技能和参与体育锻炼过程中，产生对体育与体育文化的认同，提升体育与体育文化的自觉、自信，把体育融入日常生活，成为一种"新常态"，并进一步实现"终身体育"。

第三章　高校体育教学内容的发展与改革

体育教学内容有着悠久的发展历史，并且随着时代的不断发展和进步，体育教学内容也发生了一定的改变。因此，要充分了解和认识体育教学内容，并且在此基础上对其发展进行深入分析，同时要与普通高校体育教学的实际情况有机结合起来，有针对性和目的性地进行改革，进而促进普通高校体育教学内容的优化，为理想教学效果的取得奠定良好的基础。

第一节　体育教学的基本理论

一、体育教学内容的概念

为达到体育教学目标而选择的体育知识和体育技能等就是体育教学内容。

在体育教学中，教学内容的选择是教育者以教育的一系列要求为主要依据，通过对前人体育和教育实践经验进行总结，按照教育原则，从丰富的体育技能理论当中精挑细选出来的。教学内容在教师与学生中间扮演着中介和媒体的角色，这就对教师和学生之间的信息交流起到重要的决定性作用。

从某种意义上说，体育教学内容对体育教学的效果和质量起到重要的决定性作用。

二、体育教学内容的特点

体育教学内容有着较为显著的特点，具体来说主要表现在以下几个方面。

（一）健身性

体育的一个重要功能就是增强体能、增进健康。体育教学内容学习的实质就是学生体育知识、身体练习和技能的学习。体育教学的主要目的，就是通过对身体练习的运动负荷量以及强度进行合理的安排，通过一定的手段加以调控，从而使学生的体质得到增强，促进学生身心健康发展。体育教学内容对于学生增强体质增进健康的作用，是其他学科所无法相比的。

（二）娱乐性

发展到现在，体育项目越来越多，而这些项目最早大都起源于各种游戏，然后经过长期的演变和发展而来。在体育教学中，各项教学内容也是如此，大都来自体育运动项目，由此可以认定这种体育教学的内容必定带有一定的乐趣和娱乐性。在体育教学过程中，这种运动娱乐性主要体现在克服困难、协同作战、争夺胜利等心理过程中，体现在学生对新的运动的体验和对学习进步的成就感，体现在运动的环境、场地、比赛规则、比赛形式等变化和加工方面。当学生学习某项运动技术时，本身就会存在对这种运动本身乐趣性的追求动机，因此体育教学内容本身就有一定的娱乐性特征。

（三）运动实践性

体育教学内容的实质是身体运动的一种实践，这是区别于其他教学内容的地方。体育教学内容可以说"是以有关身体运动的学习和身体运动的技能形成为主要培养目标的内容；是以运动为媒介，以大肌肉群的活动状态进行教育的内容"。体育教学内容的学习并不只是学生大脑思维的活动，学生不仅要对内容进行理解，还要在实践中进行运动学习以及身体练习。学生在参加体育学习的过程中，要通过运动中的肌肉本体感觉的形成与动作的记忆，来判断自己是否真正掌握了教学内容。因此，在体育教学内容中，学生的学习是要将思维和行为联系起来的。所以体育教学内容的学习尤为强调练和做等实践行为，因而呈现出运动实践性的特征。

（四）教育性

对学生进行教育的载体就源自体育教学的内容，所以在选择体育教学内容时，首先想到的就应该是它的教育性。一般来说，体育教学内容的教育性主要从以下几个方面得到体现。

（1）对于大多数学生是较为适用的。

（2）有益于学生的身心发展。

（3）既有冒险性又比较安全。

（4）摒弃落后性，发展创新性。

（5）避免过于功利性。

（五）非逻辑性

相较于其他学科教学内容来说，体育教学内容的不同之处主要体现在：体育教学内容往往不存在一般学科教学内容之间清晰的由易到难、由简到繁的阶梯性结构；在逻辑结构上，没有明显的从基础到高级的体系；体育教学内容的排列并不是直线递进式的，而是复合螺旋式的。体育教学内容的组成是众多相互平行的、可以替代的运动项目以及身体练习，其中包括丰富的体育与健康理论知识。这种特性使体育教学内容在选择时的灵活性更强。

（六）人际交往的开放性

体育教学内容有很多，但大多数内容的主要形式是集体性活动，这种集体性教学活动与其他学科教学活动不同，往往是进行时空的变换。因此，在体育教学中对运动的学习练习和比赛当中学生之间有着非常频繁的交往和交流，与其他学科的教学内容相比，体育教学内容在人际交往方面无疑具有更明显的开放性。体育教学内容正是由于人际交流的开放性特点，教师与学生之间、学生与学生之间的关系才能够更加密切而开放。在这样的情况下，通过体育教学内容的学习能够帮助学生有效地提高社会适应能力。

三、体育教学内容的层次

通常情况下，可以将体育教学内容分为两个层次，即宏观层面和微观层面。

（一）宏观层面

从宏观层面来看，体育教学内容主要包含上位层次（国家课程和教学内容）、中位层次（地方课程和教学内容）和下位层次（学校课程和教学内容）三个层次。

1. 上位层次

在体育教学中，上位层次的教学内容主要是国家教育行政部门规定的各种教学内容，是国家对教学方法进行的行政规划和管理，体现着国家的意志，各个学校都必须以之为依据开展教学活动。

在体育教学内容的开发上，一般具有专门性，目的是使未来公民接受基础教育之后达到一个共同体育素质。在对体育课程标准或教学大纲的制定以及教学内容的编写上，要根据不同教育阶段的性质与培养目标进行。一般来说，国家教育部门制定的课程和教学内容，要比地方体育课程丰富得多。因此，国家体育课程和教学内容在体育教学中起着主体性作用。

2. 中位层次

地方课程和教学内容是学校体育教学内容的中位层次。这一层次的教学内容是在国家规定的各个教育阶段的体育课程内来进行开发的。这一层次教学内容的开发必须结合当地的具体实际进行，其开发者大多为省级的教育行政部门或授权的教育部门。地方体育教学课程和教学内容能够更好地适应当地体育发展的需要，适应当地体育发展的现状，能够更加高效地利用当地体育和教育资源，因此具有更重要的价值。

3. 下位层次

学校体育教学内容的下位层次是学校课程和教学内容。这一层次的课程和教学内容具有多样性和选择性的特点，其中主体是学校的教师，以国家课程和教学内容、地方课程与教学内容为前提进行具体实施，并科学评估本校学生的特点和需求，对当地社区和学校的体育教育资源进行充分利用，以学校的办学思想为依据。

在体育教学中，体育课程资源的开发要以国家教育方针、国家或地方体育课程和教学内容等为依据，教学内容的设计要体现出独特性和差异性，要满足每名学生的体育需求。

上位层次、中位层次和下位层次三方面的体育教学内容共同构成了我国的基础体育教学的内容体系，它需要国家教育部门、地方教育部门以及学校三者的协调和共同努力，才有效促进体育教学内容的科学化发展。

（二）微观层面

课程是以教学内容为载体实现的，以教学内容论的观点为主要依据，教学内容包含多层意义。以教学内容具体化的程度为依据，可以将体育教学内容从微观层面分为以下几个层次。

1. 第一层次

微观层面的第一层次即体育课程标准所示的学习内容。以体育与健康课程标准规定为例，运动参与、运动技能、身体健康、心理健康、社会适应五个学习领域即是从这一层次进行的分析。这种分析实际上是活动领域的一种表述，并非常规意义上的体育教学内容。

2. 第二层次

第二层次是第一层的具体化形式。从某种角度说这是能力目标分析，也不是通常意义上的体育教学内容，如体育与健康课程标准明确的水平目标：获得运动的基础知识，说出所做简单运动动作的术语（转头、侧平举、体侧屈、踢腿等）。

3. 第三层次

这一层次指的是教学中需要具体运用到的硬件与软件等物质设施，也就是说，属于普遍意义上的教学内容教具，比如篮球、足球、体操、武术等运动项目，以及与这些项目相关的场地器材。这一层面是常规意义上所说的体育教学内容。

4. 第四层次

这一层次是具体的练习方法手段，即某项教学内容（如篮球）的下位教学内容，如练习教学内容（篮球运动的各种练习方法）、游戏教学内容（与篮球运动关系密切的游戏）等。

四、体育教学内容的分类

体育运动项目有很多，其内容也非常丰富，因此在对这些内容进行分类时，采用何种逻辑分类就成为一个重要的课题。合理地对体育教学内容进行分类能够使教师和学生更加深刻地认识体育教学内容，从而更好地参与到学习之中。

目前，关于体育教学内容的分类方法大致包含以下几大类。

（一）以体育教学目标为依据进行划分

依据教学目标进行分类，可以分为掌握体育运动技能的练习、掌握科学锻炼方法的练习、提高安全意识与能力的练习、发展体能的练习、发展学生心理素质的练习、提高学生社会交往能力的练习、提高基本活动能力的练习等。这种分类也是体育教学中一种比较常见的教学内容分类方法。

　　这种分类方法能够使根据多种目的的身体练习进行人为的规定得以实现，能够使教学内容具有一定的目的性，对于打破陈旧的、以竞赛为目的的教学内容编排体系也非常有利，从而保证学生能够学到比较多的体育教学内容。

（二）以体育的功能为依据进行划分

　　此分类方法是根据我国体育课程相关的文件，以三维健康观、体育的本质特征、国际体育课程发展的趋势为依据，将体育与健康课程划分为运动参与、运动技能、身体健康、心理健康以及社会适应五个领域并以目标为依据对体育课程的内容体系进行重新构建。

（三）以人体基本活动能力为依据进行划分

　　依据活动能力进行分类，也就是按照人的走、跑、跳、攀登、负重等进行分类，进而重新分类组合各种各样的运动项目和身体练习的方法。这是在体育教学实践中比较常见的一种分类方式。这种分类方法比较灵活，不会受到正规的体育运动项目条框的限制。所以，这种方法在有利于组合教学内容的基础上对学生的各种身体动作和基本活动能力进行发展，所以这种分类模式对于低年级的学生比较适合。但这种分类在学习掌握体育运动技能、发展体能等方面的局限性比较强，对于高年级学生来说，其要求往往难以满足，容易使高年级学生缺乏体育运动的动机。

（四）以身体素质为依据进行划分

　　发展学生身体素质是体育教学的目标之一。依据身体素质进行分类，是一种按照力量、速度、柔韧、灵敏、耐力的分类。这种划分或者是按照与动作技能相关的体能，力量、速度、灵敏、平衡、协调、反应时间；或者是按照与健康相关的体能，身体成分、肌肉力量、心肺耐力、肌肉耐力、柔韧性等进行分类，进而对各种各样的运动项目和身体练习进行重新分类组合。

　　这种分类方法具有较强的针对性，对于学生正确认识各种体育运动项目与身体练习以及对体能的发展相当有利，同时能够有目的、有针对性地发展学生的体能。但此分类方法也有一定的弊端，那就是在体育运动项目中，许多项目并不是以提高某一方面身体素质为前提的，因此对待这类项目时这种分类方法显得比较模糊，而且这种分类方法容易使学生对体育教学内容的文化特性的认识陷入误区，造成学生对体育运动文化方面的认识不足。

（五）以运动项目为依据进行划分

　　这是按照各个运动项目的名称和内容而进行具体的系统分类，体育教学内容大致可以分为球类、体操、田径、武术、体育舞蹈、冰雪运动、水上运动等。这种分类方法对各式各样的运动项目以及特点加以详细划分。这是体育教学中最常见的教学内容分类方法。

　　这种分类方法在各个方面都更加容易理解，对于学生了解和掌握体育运动文化具有非常大的帮助。但是这种分类方法将导致一些运动项目被忽略。而且即使在正式比赛的项目中也可能由于规则、技能等方面需要具有相当高的水平而与学校体育教育实际情况不相符，所以如果将其纳入体育教育内容必须进行一定程度的改造。但经过改造后，这类教学内容往往会与本来的运动项目出现非常大的差异，会对学生在运动项目的理解和掌握造成非常大的影响。

（六）综合交叉分类

综合交叉分类是一种将基本部分与选用部分、理论与实践教学内容、各项运动的基本教学内容与提高身体素质练习教学内容等相互交叉的综合分类方法。

这种分类方法能够准确地将不同学生的不同年龄阶段身心发展特点和对学生学习的基本要求反映出来，对达成体育教学的目标有非常突出的作用，在有助于保持运动项目的固有特点和系统性的基础上，同时增强学生进行身体锻炼的实效性，从而在体育教学内容的运用中使运动项目的技术和学生身体素质的练习同时发展，相互配合。但需要注意的是，这种分类方法不能用同一标准进行衡量，在某种程度上会导致一定的混乱。

从上述内容可以得知，对体育教学内容的分类方法是多种多样的。体育教学内容的分类可以分成不同的层次，在不同的层次可运用不同的分类方法，但是在同一层次上则必须采用同一个分类标准进行分类。

第二节　体育教学内容的编排与选择

一、体育教学内容的编排

（一）体育教学内容的编排方式

在体育教学内容的编排中，存在循环周期的现象。这里所说的循环，是指在同一教学内容中，不同的学段、学年等范围中进行重复安排。这种循环的周期有的是课，有的是单元，有的是学期，有的是学年，甚至有的循环是在某一个学段。以跑步为例，一节体育课上要进行 100 米跑，下一次课当中仍要进行 100 米跑就是以课为周期的循环。在一个学期内安排 100 米跑，在下一个学期内的课程上仍安排 100 米跑就是以单元和学期为周期的循环。因此根据以上理论，我国体育教学学者以不同的内容性质为主要依据，对体育教学的内容的编排进行层面的划分。具体来说，可以划分为以下四个层面，每个层面都有各自的编排方式。

（1）"精学类"教学内容——充实螺旋式。

（2）"粗学类"教学内容——充实直线式。

（3）"介绍类"教学内容——单薄直线式。

（4）"锻炼类"教学内容——单薄螺旋式。

由此可以看出，体育教学内容的编排方式主要有两种：一种是螺旋式；另一种是直线式。

1.螺旋式排列

体育教学内容的螺旋式是当某项运动项目的教学内容的有关方面在不同年级重复出现时，逐步提高教学要求的一种排列方法。

2.直线式排列

与螺旋式教学内容的排列方式不同，直线式教学内容的排列是学习了某一体育运动项目和身体练习的相同内容，基本上不再重复出现的一种排列方法。

以上编排方式很好地满足了新课程标准中对体育教学内容的要求，并以体育教学内容当中的自身理论为主要依据，与当前体育教学内容中的各种情况的现状有机结合起来，创新地将各个方面的内容合理编排在体育教学中。所以在未来很长一段时间内，这种编排方式的实用性都是非常强的。

（二）体育教学内容编排的注意事项

在进行体育教学内容编排时，需要对以下几个方面的事项进行充分考虑。

1.要对学生的基础与实际需要进行充分考虑

体育教学的对象是学生。因此，为了使体育教学的内容更好地符合学生的实际需求，促进体育教学质量的不断提高，应使体育教学的内容与学生的实际情况和实际需求相适应。在进行体育教学时，教师不应仅仅片面地考虑体育运动和身体练习本身的难易程度，还应依据学生的实际需要、学生的体能和运动技能基础以及其发展的阶段特征等来安排体育课程的内容。

2.要对不同的体育运动和身体练习的特征加以重视

在对体育教学的内容进行编排时，应注重各种运动技能的学习、改进、巩固、提高和运用。教师在课程安排时，并不仅仅为了让学生懂得相应的知识，更应该注重相应的知识的运用。

二、体育教学内容的选择

（一）体育教学内容选择的依据

在选择体育教学内容时，应该按照相关的依据进行有针对性的选择。具体来说，选择体育教学内容的依据主要有以下几个方面。

1.按照体育课程目标进行选择

体育课程内容在实现体育课程目标的过程中存在的方式是手段，而不是目的。体育课程目标存在多元性的特征，体育运动项目和身体练习也具备可替代性的特征，这就使体育教学内容的选择变得更加多样。

体育课程的目标之所以能够成为教学内容选择的重要依据，主要是由于体育课程目标在体育课程编制的过程中，在每一个阶段内都作为教学内容的先导和方向，所以它经过了多方专家的合理思考验证，对各个方面的影响都进行了认真合理的验证。因此，进行体育教学内容选择时，目标是必须遵循的，相应的体育课程目标对应着相应的体育课程内容。

2. 按照学生的需要及身心发展规律进行选择

在选择体育教学内容时，学生的需要是必须考虑的。体育教学以促进学生身心发展为目的，所以对体育教学内容进行选择的一个必要因素就是学生对体育的需要和兴趣，这对于有效的学习是非常重要的。学习需要学生的主动参与，而主动参与就是说，学生自身积极和努力是必不可少的。通常学生如果面对感兴趣的事情，那么其参与的动力就会大大增加，学习的效率也将倍增。这非常符合一些教育学者所提出的观点：如果学习是被迫的而不是出于兴趣而进行的，那么学习从某种意义上来讲可以说是无效的。

学生对教学内容的接受程度取决于其身心发展规律以及特点，因此从这个角度来说，体育教学内容必须使学生可以接受，并且感兴趣。所以在进行体育教学内容的选择时，学生的特点就决定着教学内容当中的各项要素。因此，体育教学内容的选择不能忽略学生的实际情况。

3. 按照社会发展的需要进行选择

学生的个体发展无法脱离社会的发展。因此，体育教学能够在健康方面为学生打下良好的基础。所以在进行体育教学内容的选择时，除了考虑学生本身的需求，社会现实发展的需求也必须被考虑进去。体育内容在选择方面不能够忽视学生走向社会后发展所必需的体育素质，所以体育教学内容必须能够满足学生在社会发展当中各方面的需要。除此之外，体育教学内容必须做到与社会生活和学生生活联系在一起，这样才能让学生体会到它的作用，其功能才能得以实现。因此，体育教学内容的选择与社会实际相符是非常重要的。

4. 按照体育教学素材的特性进行选择

在体育教学内容的选择上，最重要的要素就是体育教学素材。体育素材有着较为显著的特性，具体来说，主要包括以下几个方面。

（1）内在逻辑关联性不强。没有非常强的内在逻辑关联性是体育教学素材的最大特性。这种特性使体育教学内容的选择无法完全按照难易程度和学生素质来进行。因此，体育教学内容往往只是以运动项目来进行划分。但各个教材内容之间的关系是平行和并列的，如篮球和足球、体操和武术，表面上看似有联系，但这种联系并非能够分得非常清晰，而且没有先后顺序，我们也无法判断其中一个运动项目究竟是不是另一个运动项目的基础。所以，在这里是无法确定教学内容内部的规定性和顺序性的。

（2）具有"一项多能"和"多项一能"的特点。所谓"一项多能"，就是指通过一个运动项目，能够达到非常多的体育目的。这就是说，在这个项目中有着目标多指向性的特点。以健美操为例，有人利用这个项目来锻炼身体，有人用这个项目进行娱乐，同时这个项目还有表演的作用。在很多情况下，进行健美操运动往往能实现多个功能。这就是说，学生掌握了一项运动之后，就能够实现多种目的。"多项一能"则突出体现了体育教学内容之间具备相互的可替代性。比如进行投掷练习，可以扔沙袋，投小垒球，还可以推实心球或推铅球。想通过体育运动得到娱乐放松，可以踢足球，可以打排球，打篮球、打网球也可以实现。这就是说，想达到目的并非只有一个项目，不同的项目同样能够做到。正是由于这个特性的存在，使体育教学内容中没有不可或缺的项目，使体育教学内容并不具备强烈的规定性。

（3）数量庞大。庞大的数量使体育教育内容相当庞杂，并且在归类上存在一定的难度。人类文明自诞生以来，创造出的体育运动项目数不胜数，而且丰富多彩，并且每一个运动的技能对于练习者的身体素质都有着各种各样的要求。鉴于这个原因，没有哪个体育教师能够精通全部的体育项目，因此体育教师的培养才要求一专多能，体育课程的设计者也很难寻找到最合理的运动组合运用到体育教学内容当中，也几乎不可能编写出适合所有地区和教学条件的教材。

（4）不同项目乐趣的关注点不同。以篮球和足球为例，其乐趣就是在激烈的直接对抗中，通过娴熟的技术和精妙的战术配合得分。再如，在隔网类运动当中，其乐趣则是双方队员在各自的场地中通过巧妙的配合，将球击到对方场地而得分。因此，体育运动都有各自乐趣的特性使体育教学内容选择上的乐趣是无法忽略的，这同时也是快乐体育理论存在的事实依据，并且这一理论在体育改革进程中产生关键影响。

（二）体育教学内容选择的原则

选择科学合理的体育教学内容，不仅要有一定的依据，还要遵循一定的原则。具体来说，选择体育教学内容应遵循的原则主要有以下几个方面。

1. 科学性原则

进行教学内容的选择时，首先要遵循的原则就是科学性原则。具体来说，可以从以下几个方面来对体育教学内容选择当中的科学性进行深入的理解。

（1）教学内容的选择必须对学生身心的共同发展有利。需要注意的是，一些内容虽然有利于学生身体健康，但对于学生的心理健康并不适合；反之，同样可能出现这种状况。因此，教学内容的选择必须在使学生开心的同时，对身体的发展起到积极的促进作用。

（2）教学内容也要使学生能够从根本上对科学锻炼的原理和方法有深入的了解。这种了解能够使学生从事体育锻炼的自觉性和积极性得到进一步提高。

（3）教学内容本身的科学性。今后，国家会放开对体育教学内容选择的限制，不做具体的规定。因此，这就要求学校必须避免一些科学性不够强的体育项目作为教学内容进入课堂。

2. 趣味性原则

兴趣是最好的老师。因此，在进行体育教学内容的选择时，根据学生的各方面特征尽量选择他们感兴趣的有趣味的，并且在社会上比较流行的体育素材作为教学内容。毫无疑问，大多数竞技运动项目的健身价值和教育价值是不可低估的。

3. 教育性原则

在选择体育教学内容时，首先应从教育的基本观点对体育教学素材进行选择，对其是否与教育的原则相符、与社会的固有价值观是否同步进行分析。同时，要对它是否有利于学生的身心发展和身体锻炼进行明确的分析判断。

在选择体育课程内容时，要求必须与体育课程的主要目标相匹配，确立"健康第一"的指导思想，并以此作为体育教学内容中最基本的出发点，同时看重其中的文化内涵，在学生学习体育技能的同时更能深刻体会到体育文化修养带来的益处。学校体育在培养学生时应首先考虑对学生的品德、智力、体质等方面的全面发展是否有利，将理论与实际结合起来，在使学生了解人体科学知识的同时真正锻炼身体，还要从思想文化等方面下功夫，使其在两方面同时发展。体育教学内容的选择对于不同学段学生的发展特点和规律都要充分考虑，其个体差异与不同需求将会在其中起到很大的作用，所以要充分考虑能够确保每一位学生受益。学校进行体育教学内容的选择时，还要与各个方面的实际相符，从而确保选择时有足够的空间和灵活性。

4. 实效性原则

简单来说，所谓实效性，就是判断某项体育教学素材是否实用，是否简便易行，是否有助于学生的身心健康。在教学内容上，加强学生生活与现代社会和科技发展的联系，对学生学习的兴趣加大关注，教学内容中的知识和技能要有利于学生终身体育的进行。所以在进行体育教学内容的选择时一定要选择与学生自身的体育学习兴趣和经验相接近的，以及大众喜欢的、社会上比较普及的项目，同时强调运动项目的健身娱乐效果，为学生终身体育的发展奠定良好的基础。

5. 民族性与世界性相结合的原则

在选择体育教学内容时，要在保留我国民族传统体育精华部分的同时，对国外好的课程内容的设置加以借鉴和吸收。体育教学内容的选择应该与时俱进，体现当今时代的特色。

（三）体育教学内容选择的过程

选择体育教学内容，不仅要有一定的依据，遵循一定的原则，还要按照一定的程序进行。具体来说，可以将体育教学内容选择的过程大致分为以下几个方面。

1. 对体育素材的价值进行分析评估

选择体育教学内容前，体育教师应当对当今社会给予足够的关注，要从社会的生产生活、科技教育等发展的实际出发，考虑社会的发展对人的影响与要求，并以此为基点对现有的体育素材进行分析与评价。要对所选内容能否促进学生的身体健康、能否督促学生主动进行体育锻炼、能否提高学生的思想品质进行充分的分析论证，选用合适的教材内容实施教学。

2. 对运动项目与练习进行充分的整合

在体育教学中，不同的体育运动项目和身体锻炼形式会对学生的身心产生不一样的作用和影响。因此，在选择体育教学内容时，要以本校的体育教学目标为根本前提，在此基础上认真分析各个体育运动项目对学生身体功能的不同方面发展是如何促进的，然后将各个体育运动项目与身体练习进行整理与合并，并对其进行合理加工，使之成为体育教学内容。

3. 选择的体育运动项目要有效

由于大多数体育运动项目都可以成为学校体育教学内容的基本素材，加上体育运动项目与身体练习所具有的多功能性与多指向性特点决定了它们具有很明显的可替代性，因此学校体育教学内容在运动项目方面可选择性强。但是由于体育教学时间有限，不可能完成全部体育运动项目和身体练习的教学。因此，体育教师要以社会的需求与条件为依据，充分考虑不同阶段学生的身心特点与兴趣爱好，选出典型、常见的体育运动项目和身体练习作为学校体育教学的内容。

4. 对所选内容进行可行性分析

选好体育教学内容后，要对该体育教学内容的可行性进行分析。包括分析本地区地域、气候和本校的场地、器材等条件的制约与影响，充分考虑教学计划在这些特殊环境中的可行性，并保证各地、各校执行的弹性，为教师实施体育教学内容留下足够的余地。

第三节　体育教材化

一、体育教材化的概念

体育教材化是依据体育教学目的和学生发展的需要，针对教学条件将体育的素材加工成体育教学内容的过程。

具体可以从以下几个方面入手，对体育教材化的概念进一步理解和认识。

（1）体育教材化是将体育的素材加工成体育教学内容的过程。

（2）体育教材化是加工过程，而这个加工过程的成果就是体育教学内容。

（3）体育教学的目标和学生发展需要是这个过程的主要依据，体育教学条件也是重要依据之一。

（4）教材化的内容主要涉及教学内容的选择、加工、编排和媒介化等方面。

二、体育教材化的意义

体育教材化有着非常重要的意义和作用，具体来说，主要从以下几个方面得到体现：

第一，体育教材化能够将最符合体育教学目标和学生发展需要的那一部分内容选出来作为教学内容，从而使内容的庞杂和在选择上的无目的性的现象得到有效的避免。

第二，体育教材化通过加工，能够使体育的素材与体育教学的需要更加相符，从而使体育素材与体育教学内容之间的差异性得到有效的消除。

第三，体育教材化可以通过编排、配伍的工作，来进一步提高选出的但还杂乱的体育教学内容的系统性和整体性，从而将体育教学内容的教育作用更好地发挥出来。

第四，体育教材化可以通过物质化的工作，使编辑加工后的但还抽象的体育教学内容贴近教学情景和学生，使体育教学内容更能成为体育教学的生动载体。

三、体育教材化的基本层次

通常情况下，可以将体育教材化大致分为两个基本层次，具体如下。

（一）编制体育课程标准和编写教科书

通常情况下，国家和地方教育行政部门组织专家会负责这个层次的工作。具体来说，这个层次的工作主要包括从各种身体活动的练习中筛选出相应的素材，进行教材的分类、加工、排列等。

（二）以课程标准和教科书为依据将教材变成学生的"学习内容"

一般地，学校的体育教研组或体育教师会对这个层次的工作负责。具体来说，这个层次的工作内容主要包括：以体育课程标准和教科书的要求和规定为主要依据，与所面对的学生的具体情况和教学条件的实际有机结合起来，把面对一般学生情况和一般教学条件的教材变成适合一个班的学生和本校场地设施条件的教材。

四、体育教材化的工作内容

体育教材化的工作内容主要有四个方面，即体育教学内容的选择、体育教学内容的编辑、体育教学内容的改造与加工、体育教学内容的媒介化。前两个方面的内容已经在上一节有所阐述，这里主要对后两个方面的工作内容进行分析。

（一）体育教学内容的改造与加工

选择出来的体育教学内容的素材，必须经过一定的加工和改造，才能够进入体育教学实践中加以应用。

在当前的教学实践中，许多体育教材化的有效方法和成功的范例取得了一定的成效，这里重点对具有代表性的几种教材化的方法进行分析和阐述。

1. 简化的教材化方法

简化的教材化方法是指将各种高水平、正规的竞技运动项目在各方面（包括竞赛的规则、技术、器材和场地等）进行简化，从而使其能够更好地适应体育教学活动的开展。这种方法是现代体育教学中对教学内容进行教材化最为常用的一种方法。通过采用这种方法，能够使教学内容与学校的条件、学生的能力与需求、教学的目标以及教师的教学能力等各方面相适应，更容易进行教学操作。

2. 文化化的教材化方法

这种教材化方法是在教学中让学生通过各种文化性的要素体验运动文化的情调。这种方法适宜作为技能的辅助教学内容，对于学生体验和理解体育化性质是较为有利的。这种教材化方法对高中和大学的学生是较为适用的。

3. 理性化的教材化方法

理性化的教材化方法主要通过对各种运动项目所包含的各种运动原理和知识等方面进行充分的挖掘，并将其组织安排在教学过程中。这种教材化的方法适用于高年级的学生，能够使其更好地理解和掌握各种知识和原理，并能够在以后的学习中实现"举一反三"。

4. 变形化的教材化方法

这种教材化方法从基本结构方面改造原运动，使其成为一种新的运动。适应教学的需要和学生的特点是这种教材化方法的主要目的。当前，"新体育运动项目"就是这一类运动，这种教材化在处理那些高难度的运动项目或受场地器材制约很大的运动时往往能够取得理想的效果。

5. 生活化、实用化的教材化方法

实用化、生活化的教材化方法是多种小的教学方法的结合，还包括野外化、冒险运动化等方法。实用化，就是使教学内容与实用技能相结合；而生活化则是教学内容与日常生活相结合；野外化则是将正规的场地变为野外的非正规场地，或将各种场地运动转变为各种野外运动；冒险运动化就是增加一定的惊险性，激发学生的学习兴趣。这些方法能够与现实生活及各种需求相结合，并使教学内容的趣味性增加，从而更好地调动学生学习的积极性。

6. 动作教育的教材化方法

动作教育是一种体育教育思想和体育教材方法论，是在欧美首先出现的。动作教育的教材化方法有着较为显著的特点，主要表现为将一些竞技体育运动以人体的运动原理为依据，将运动进行归类，并且提出要针对少年的教材设计，其中比较典型的有教育性舞蹈、教育性体操。

7. 游戏化的教材化方法

通过一定的"情节"将各种单调的教学内容进行丰富和拓展，使其具有一定的游戏化成分，使各种教学内容能够在轻松愉悦的氛围中被学生接受。这种方式能够解决教学内容单一枯燥的问题，提升学习的效果。

8. 运动处方式教材化方法

以锻炼的原理为主要依据，对运动的强度、重复次数、速率等因素进行组合排列，并且结合学生不同的锻炼身体的需要，组成处方进行锻炼和教学的教材化方法，就是所谓的运动处方式教材化方法。这种教材化方法对于教会学生运用运动处方锻炼身体是较为有利的，是一种不可缺少的教材化思想和方法。

（二）体育教学内容媒介化工作

将体育教学内容媒介化是体育教材化的最后一个工作。将选出、编辑、加工和改造后的体育教学内容变成承载在某种媒体上的教材形式，就是所谓的体育教学内容的媒介化。

体育教学内容媒介化工作的形式有很多种，其中较为主要的有教科书（包括学生用体育教材和体育教学指导用书）、音像教材、挂图、多媒体课件、黑板板书、学习卡片等。这里重点对多媒体课件和学习卡片进行分析和阐述。

1. 多媒体课件

教师以体育教学的需要为主要依据，用体育教学内容编辑成的计算机演示的系列材料，就是所谓的多媒体课件。当前，多媒体课件是体育教师常用的工具，计算机课件依靠计算机来演示动作，在速度调整、观看细节、多次重复演放以及视觉听觉的艺术效果等方面都具有教师的讲解、示范所无法达到的教学效果。

2. 体育学习卡片

体育学习卡片是体育教材的另一种载体形式。学生在体育课中使用的一种辅助性学习材料，就是所谓的体育学习卡片。这种形式比较适合体育教学特点。

体育学习卡片的作用和运用目的不同，其运用形式也会有所不同，其中较为主要的有以下几种。

（1）在体育教学中向学生提供学习信息。以教学的内容为主要依据，教师要将动作的图示、有关的要领、技术的重点、难点和辅助练习的做法等一些必要的信息补充给学生。通过这些辅助材料，为学生准确地掌握动作的形象、概念和技术特点提供一定的帮助。除此之外，通过对一些技术难点的标示，还能够让学生在某些重要的技术环节的注意力得到有效的提升。

（2）在体育教学中对学生思索问题起到积极的促进作用，可以把合力、力矩、向心力、离心力、抛物线等一些概念性的问题通过公式、范例等形式展示给学生。通常来说，这些问题在体育教科书上是看不到的，如果采用语言教学法，往往会出现词不达意的现象，这时候运用体育学习卡片就能够方便学生理解。

（3）在体育教学中对学生的互相交流有所帮助。在体育教学中，教师会要求学生在学习卡片上将自己在学习中遇到的问题和进步以及对本班或本小组同学的情况分析写在卡片上的表格中，这样不仅能够对学生技术动作观察能力的提高起到积极的促进作用，还有助于学生之间的情感交流。因此，对于学生的团队意识和负责任的态度的培养与建立较为有利。

（4）对学生自我评价有所帮助。在体育教学过程中，教师会要求学生将当时的学习感受、体会写在卡片上，这样就能使学生在课后也能通过卡片对自己课上学习情况进行总结，并且做出较为客观的评价，将上节课和下节课有机地联系起来，增加了单元教学过程的完整性。

（5）有助于师生进行交流。对教师上课情况的看法和建议以及存在的问题、疑问、发现，也写在学习卡片上，这样做能够使教师对教学情况有一个充分的了解。以此为依据，教师可以适当调整教学形式或者方法，从而使教学效果得到有效的提高。同时，师生之间的感情也会得到增进。

（6）对学生在课上进行自学有所助益。自学是体育学习的重要环节，学习卡片还可以作为学生自学的重要工具，使教科书的不足之处得到有效的弥补。

第四节　高校体育教学内容的发展

一、高校体育教学内容的发展

（一）高校体育教学内容的发展现状

从当前的形势来看，我国高校体育教学内容的发展现状主要从以下几个方面得到体现：

第一，从当前的形势来看，体育教学内容的数量正在不断精简，而难度在不断增加，体育运动的技术含量越来越高，这就要求有专门训练的高素质的体育教师来传授。

第二，体育教学内容中的娱乐因素逐渐减少，相较于此，学生在体育课中的实际练习有一定程度的增加。

第三，发展至今，竞技体育的发展速度非常快，竞技体育事业成为各个国家和地区发展体育的重点，相比之下，正规化的、科学化的竞技体育运动，尤其是学校竞技体育运动正逐渐取代以往传统的体育教学内容，成为新型的体育教学内容。

第四，体育教学内容所需要的运动器材越发正规。由此可以看出，高校对学生开展体育课的安全问题的重视程度越来越高。

（二）高校体育教学内容的发展趋势

高校体育教学内容的发展趋势可以大致归纳为以下几个方面。

1.对终身体育目标的要求进行充分考量

高校学生终身体育观念的建立和形成，高校体育在其中起着至关重要的作用。终身体育目标的达成取决于学生参加体育所需的技能、知识和态度。所以教学内容应当更加注重健身性、运动文化传递性与娱乐性，在健身价值和终身运动性强的运动项目中做出选择。

2.更加注重体育运动的规律性

以往在选择体育教学内容时总是根据各个体育项目中的逻辑关系进行选择，但事实是体育教学内容的逻辑性几乎是不存在的，所以这种方法是不科学、不合理的。因此，在未来选择体育教学内容时，要注重寻找体育学科中内在的一些规律，体育课程中的内容挑选往往都是学生喜欢的、富有时代性的，并且根据年龄和学段的不同,在教学内容上加以区分。

3. 学生价值主体受到的重视程度越来越高

受各方面因素的制约和影响，体育教学内容的选择并不是一蹴而就的，需要综合各个方面的因素进行考虑。在过去的体育教学大纲中，体育教学内容的选择与确定往往更重视教育工作者对教学内容的价值取向，因此重视的仅仅是教师的教。而随着体育教学改革的进行，越来越多人开始重视学生对体育教学内容的价值取向，所以根据学生的学而进行体育教学内容的选择的方式更加普遍。

4. 更加注重教学主体发展的全面性

在传统体育教学理念和模式下，体育课程大都是以提高学生跑、跳、投等身体素质为目的的一种体能达标课。新的教学改革大纲出台之后，学校教育往往更加强调素质教育，因此，在选择与确定体育教学内容时，要符合素质教育的要求，使学生在身心两方面都能获得全面的发展。

5. 不断引进民族特色项目

通常情况下，富有趣味性和新奇性的运动项目总会受到广大学生的青睐，因此在选择与确定体育教学内容时也要注重推陈出新，改革与发展一些新颖的运动项目。除此之外，我国多民族的特性决定了各个民族都有出色的民族特色体育项目，这些民族项目既各具特色，又有良好的健身价值，在体育教学内容的选择时应适当根据具体情况加以选用。

二、高校体育教学内容改革的思路

针对当前高校体育教学内容的发展情况和改革中出现的问题，为了更好地促进高校体育教学内容的完善，需要对此进行进一步的改革，其中可采纳的基本思路主要有以下几个方面。

（一）遵循以人为本的思想，满足体育教学主体的需求

首先要将指导思想确定下来，然后再对教学目标及目标的内涵进行准确的定位。同时，要与高校教学的实际情况有机结合起来，以学生的主体需要为出发点，有针对性地对体育教学内容进行选择。当前，高校体育主体的需要已经发生了较大的变化，因此，体育教学的内容也应该适应这种变化，有针对性地增加健美、舞蹈、韵律体操、轮滑等一些趣味性强的项目。这样不仅能够使教学内容得到进一步丰富，还能够更好地调动学生参与学习的积极性，满足学生的需求。

（二）要重视隐性体育教学内容

作为体育教学内容的一个重要组成部分，隐性体育教学内容也包含着很多具体的方面，其中较为重要的有道德修养、体育精神、思想作风等无形的内容。对学生的纪律观念、集体观念、社会道德水平和意志品质进行积极有效的培养能够对学生产生潜移默化的影响，这对于学生体育文化素养和体育道德水平的提高有着积极的促进作用。同时，这对于学生更好地适应激烈竞争社会也有所助益。

（三）增加健康教育的内容

教学内容要充分健康化，要充分提取、利用教材中的健康教育因素，实现体育与健康教育的结合。在选择教材内容时，为了能够有效完成增强学生体质的重要任务，高校体育需要在体育教学内容中增加有关健康教育的相关内容。具体来说，就是要增加那些学生乐于参加，并且对学生身心健康有利的体育项目，将难度大、重复多，且单调枯燥、学生不感兴趣的项目删除。要以学生身心发展的特点以及知识和能力的水平为主要依据，对教学内容进行有针对性的安排，从而使教学内容的实用性和趣味性得到有效提高，将学生的学习兴趣有效激发出来。

第四章　高校体育教学设计研究

第一节　体育教学设计的基本原理

一、体育教学设计的概念

体育教学设计是教学执行者和参与者为提高教学质量在教学活动中采取的具体的教学活动方案。

从整个教学系统来讲，体育教学设计在指导思想、基本思路、基本程序上与其他课程教学设计是一脉相承的。但是，在设计具体操作方案时，我们要根据体育教学自身的特点，充分考虑学生身体和心理发展的实际情况，结合体育教学的环境和条件、教学现状分析，对未来体育教学过程中可能出现的一系列问题进行预测，对未来师生活动进行规划、准备，从而制订相应的计划。

在现代高校体育教学中，科学的体育教学设计有利于促使体育教学理论与教学实践的有机结合。同时，有助于教师发现体育教学中的各种问题，积极思考和探索解决问题的办法和思路，使教学设计方案更具有实效性。并有助于促进体育教学工作的科学化，促使教师的教学从经验型向科学型转变，从而提高体育教师的专业素质。此外，科学的体育教学设计还是提高体育教学效率和教学效果的有效手段之一。

二、体育教学设计的特点

体育教学设计具有鲜明的特点，具体表现在超前性、差距性和创造性三个方面。

（一）超前性

体育教学设计是在进行体育教学之前，事先对体育教学所做出的一种安排或策划，即体育教学设计在前、体育教学在后，所以说体育教学设计具有一定的超前性。例如，体育教师在上一堂体育课之前，必须设计出这堂课的教学方案。

从本质上讲，体育教学设计只是体育教学活动的一种设想和预测，它对体育教学活动中的一切要素进行构想，并提出解决问题的方案，它是体育教师在进行体育教学之前对体育教学所做的安排或策划。具体来说，体育教学设计是对即将进行的体育教学中可能产生的问题进行分析，是根据体育教育、教学理论和学生的学习需求，针对可能发生的问题提出解决方案的一种设想。

（二）差距性

体育教学设计是在体育与健康课程理念和体育学习需要指导下所形成的一种实施方案。在方案实施过程中会出现许多难以预测的情况。这是因为，体育教学设计者对体育教学中可能出现的问题的理解、对现有条件的分析、所采取的解决问题的方法等都具有一定的差异性。

体育教学设计的差距性特点，使得体育教师在教学过程中要时刻根据具体的教学情况调整教学方案，以适应不断变化的教学要求，这主要表现在以下两个方面：一方面，体育教学设计是以体育与健康课程理念为基础，从学生的体育学习需要出发，对体育教学实践活动具有重要的指导意义；另一方面，体育教学过程具有一定的复杂性和多变性，体育教师在体育教学设计中不可能完全考虑周全，体育教学设计者设计出的教学方案不能全面概括教学实践，不能完全解决实际教学中存在的各种问题。

（三）创造性

体育教学设计的过程是一个解决教学问题的过程，更是一个创造性过程。体育教学目标的多元化、体育教材的多功能性、体育教学方法的多样化等决定了体育教学过程具有复杂性和不确定性的特点。因此，体育教师在教学活动之前完全按照教学计划开展活动是不现实的。体育教学设计必须具有一定的创造性，只有这样，才有可能充分解决教学中存在的问题。

作为体育教学的一种特质，体育教学过程的变化性为体育教学设计提供了创造性的开放空间。因此，体育教学过程就是发展学生创造能力和培养教师创新精神的过程。

体育教学设计的创造性对体育教师的专业能力和专业素质提出了较高的要求，体育教师应该能够创造性地解决体育教学活动中出现的问题，对培养和提高学生的创新意识和创新能力具有重要的意义。体育教师要具备一定的创新能力，必须打好以下基础：第一，必须要具备扎实而丰富的文化基础知识；第二，必须具备出色的专业技术知识和能力；第三，必须具备创造性的思维和想象力，创造力是体育教师教学执行力的重要组成部分。

三、体育教学设计的指导理论

体育教学设计是一个多变的、富有创造性的复杂过程，进行教学设计之前，体育教师必须掌握必要的理论知识，以科学指导体育教学设计过程，设计出的教学方案才会具有科学性和可靠性。在各种不同的学科分类中，与体育教学设计相关的理论有很多，体育教学设计的要素和方法都要建立在这些理论基础之上，具体来说，主要包括以下几种理论。

（一）系统理论

1. 系统理论概述

"统"是元素及其关系的总和。整个人类社会和自然万物的活动都是以系统的形式存在的，只是系统的大小不同、构成层次不同，内容和形式也不同。

系统是不断发展变化的，这主要受其构成要素的发展变化的影响，系统可大可小，由若干子系统构成，而构成系统要满足以下三个基本条件。

（1）系统要素：系统包括诸多元素。这些元素之间存在着一定的联系，相互依存、相互制约，共同促进系统的发展。

（2）系统结构：系统具有一定的结构。系统之所以成为系统，是因为构成系统的各元素之间存在着一定的相互联系，元素之间没有联系，不能构成系统。

（3）系统环境：任何系统都必然存在于一定的环境中。系统与环境相互作用、相互影响。

2. 系统理论的体育教学设计指导

系统理论为体育教学设计提供了重要的系统分析的方法，可以帮助体育教师从整体上把握体育教学设计的方法、程序、步骤等，使其设计出的体育教学方案科学合理。根据系统论，可以将体育教学系统划分为以下几个子系统。

（1）教学组织者。教师是教学活动的主体，是体育教学活动的组织者和引导者。就教师队伍而言，有带头人、骨干和助手等要素，又有老年、中年和青年等要素；就教师个体来讲，包含体育知识、体育技能、运用教学媒体的能力以及主观努力程度等要素。

（2）教学对象。学生是体育教学的对象，是体育教学活动的主体，没有了这一主体，体育教学活动也无从开展。

（3）教学内容。教学内容，即教材，它决定着体育教师教什么和学生学什么，具体包含了教授体育与健康知识、教授体育与健康技能、发展学生智力、提高学生社会适应能力、培养学生体育情感等。

（4）教学方法与手段。教学方法与手段是指教师和学生为达到体育教学目的和完成教学任务，所采取的各种方式和手段。教学方法的合理运用对教学过程的顺利开展以及良好体育教学效果的取得具有重要的影响作用。

（5）教学媒体。教学媒体是体育教学的辅助性物质基础设施，它主要包含语言、文字、动作示范等视觉要素和记录、储存、再现符号的实体要素，如图片、模型、电视、电影、录像、电脑模拟等，它们都属于教学媒体的范畴。

体育教学设计是一项长期复杂的工作，是一种不断趋向完美的循环过程，是一个系统的工程，是在设计—实施—反馈—修改设计这样一种循环往复的过程中进行的。体育教学系统的各个子系统之间相互影响，它们都在体育教学目标的支配下共同发生作用，缺一不可。这些系统之间是紧密联系在一起的，构成整个体育教学系统。

（二）学习理论

1. 学习理论概述

学习理论研究的对象是人类学习的本质及其形成机制，属于心理学理论的范畴。学习理论强调的学习泛指有机体因经验而发生的行为变化。

现代学习理论主要有三大学派，即行为主义学派、认知主义学派和人本主义学派。这三种学派对学习的性质都有不同的见解。行为主义心理学家认为学习是"由经验引起的行为相对持久的变化"，主张通过强化和模仿形成和改变行为；认知主义学派强调学习是认知结构的建立与组织的过程，重视整体性和发展式学习；人本主义者认为学习应"以学习者为中心"，重视学生潜力的发掘和自学能力的发展，三种学派的理论主张各有利弊。

就当前我国高校体育教学现状来讲，现代学习理论对体育教学实践活动的影响主要体现在三个方面：首先，学习理论为研究者从事体育教学研究提供了基本的途径和方法；其次，学习理论归纳了大量的有关学习法则的知识，为学生更好地参加体育教学提供了保障；最后，学习理论重视对学生学习的发生和发展过程的分析和解释，阐述了学生学习效果参差不齐的原因。

2. 学习理论对体育教学设计的指导

学生是体育教学活动的主体，体育教学设计必须尊重学生、重视学生、关爱学生。这就是现代学习理论对体育教学设计的重要启发。

根据学习理论的核心观点和主张，体育教学设计应根据学生的体育学习需要，确定体育教学的目标、教学策略、实施方案等，充分发挥体育教学的教育功能，提高教学质量，增强学生体质。结合学习理论的理论认知，不同学派对高校体育教学设计支持的具体内容如下。

（1）行为主义学派：斯金纳的程序教学理论是行为主义学派学习理论的代表，该理论从探讨程序学习的主要方式，发展到重视对学生作业的分析、对教材逻辑顺序的研究以及对学生行为目标的分析，然后考虑整体教学过程中更为复杂的因素，设计最优教学策略，并在教学措施实施之后做出相应的评价，使程序设计更有逻辑性、科学性。

（2）认知主义学派：认知主义学派的学习理论认识对体育教学设计的指导作用主要体现在以下两个方面：一方面，在体育教学设计中，要求教师充分重视学生的主体作用，充分考虑体育教材内容的知识、技能结构；另一方面，要求体育教师做好体育教学设计模式、方法、手段的选择，帮助学生顺利地完成对新知识和技能的同化和认知结构的重新构建，提高学生学习的积极性，提高运动水平。

（3）人本主义学派：人本主义学派理论主张教师应"以学生为中心"展开教学活动，即在教学活动中充分挖掘学生的潜能，促进学生潜能的进一步发展。

虽然学习理论的不同学派各有研究重点和理论方向，但就教师而言，只要能结合具体的体育教学实践选择适合自己的理论，结合自身的具体实际合理选择体育教学的手段和方法等，就能不断提高自身的素质和水平，同时实现体育教学效果的不断优化。

（三）教学理论

1. 教学理论概述

教学理论是研究教学本质和一般规律的科学。它通过规律性的认识来确定优化学习的各种教学条件与方法，要解决的核心问题是教师的教和学生的学。

教学理论研究对象和范畴主要包括以下五个方面。

（1）教学本质。解释教学过程的影响因素、组成结构及规律。

（2）教学价值、教学目的和教学目标。探讨教学目的、教学目的的制定依据以及与教学活动的关系。

（3）教学内容。仔细分析教师、学生与教学内容的关系，科学选择、调整和合理编排教学内容。

（4）教学模式、教学原则和教学组织形式。重点研究教学的手段和方法。

（5）教学评价。主要包括教学评价的标准、要求、手段和反馈。

2. 教学理论对体育教学设计的指导

教学理论是体育教学设计的重要指导思想之一，体育教学设计是教学理论与教学实践之间的一座桥梁，体育教学设计在系统过程中为教学理论应用于实践创造了良好的基础。具体来讲，在教学理论的指导下，体育教学设计者通过对教学理论研究的对象和范畴等的认识及其相互之间的关系分析，以教学理论为基础，结合教学设计中的各项要素，如体育教学指导思想、体育教学目标、体育教学方法等设计出教学方案，最终完成科学的体育教学设计。

（四）传播学理论

1. 传播理论概述

传播就是信息的传递。美国著名传播学学者威尔伯·施拉姆指出，信号的传播和接收模式包括信息发送者、信号、信息通道、信息接收者四个要素。信息的传播需要经历以下三个阶段。首先，信息发送者通过各种媒体，使用各种方式发送信息；其次，信息接收者对信息发送者发送的信息进行编码；最后，被编码后的信息通过信息传播通道再传播出去。

要想正确地认识和理解传播理论，需要认清以下几点。

（1）在一个完整的传播过程中，有效的传播不仅是发送信息，还要通过反馈途径从接收者那里获取反馈信息，以便确认发出去的信息是否得到了正确的响应。

（2）在传播过程中，信号的形式和结构影响着信息的接收。通常情况下，接收者控制信号的程度越高，传播的效果越好。

（3）传播主要有个人间传播、小组间传播、机构间传播和大众传播四种形式。这几种传播形式各有特点、优势和弊端。

2. 传播理论对体育教学设计的支持

传播理论的基本思想和观点对现代体育教学中教学媒体的分析和选择具有重要的启示。科学选择教学媒体对学生理解教学信息，提高教学质量具有重要的意义。根据传播学理论，体育教学过程也是一个信息传播的过程。因此传播学理论也能为体育教学设计者设计体育教学方案提供一定的理论支持。

具体来说，传播理论对体育教学设计者的指导主要表现在以下两个方面。

（1）体育教学过程的要素分析。在传播学理论的发展过程中，不同的学者对传播过程、模式、要素等进行了深入的分析，不断提出新的研究成果，也在一定程度上影响和促进着体育教学的研究与发展。

1948年，美国政治家哈罗德·拉斯韦尔提出大众传播的"5W"公式。该公式清晰地描述了大众传播过程中的五个要素和直线式的传播模式，这对解决体育教学设计中的各种问题提供了一定的解决办法，对高校体育教学设计具有重要的指导作用。

1958年，爱德华·布雷多克提出了新的传播模式，即"7W"模型，该模式同样适用于分析现代高校体育教学传播过程。它为体育教学设计提供了重要的思路。

（2）体育教学过程的双向性。信息的传播不是单项的，是信息传出者和信息接收者的双向互动过程，这主要得益于反馈机制的存在，因此传播过程能不断循环进行。学者奥斯古德和施拉姆所提出的奥斯古德·施拉姆传播模式强调传播者和受传者都是积极的传播主体，可以认为，体育教学信息的传播也具有双向性和互动性的特点，具体是通过教师和学生双方的传播行为来实现的，因此，高校体育教学过程的设计必须重视"教"与"学"两个方面，要求高校教学设计者充分利用反馈信息，随时控制和调整体育教学过程中的"教"与"学"。

3. 传播过程要素构成体育教学设计过程

一个完整的传播过程，包括传播内容、受众、媒体、效果等因素，对这些要素进行分析，是体育教师做好体育教学评价的基础。

四、体育教学设计的基本原则

（一）目标导向性原则

目标导向性原则是指体育教学设计必须紧扣体育教学目标，所有教学环节的设计都以目标为导向，体育教学设计方案要保证实施过程的教学行为与目标保持一致。

体育教学目标由体育与健康课程目标所决定。体育教学的目的就是帮助学生从起始状态达到目标状态。因此。体育教学设计的每一个环节、每一个步骤都要考虑对教学目标的实现的功能和作用效果。体育教学设计就是一个通过解决问题以实现体育教学目标的准备过程。

（二）整体优化原则

整体优化原则是指在进行体育教学设计时，要在对体育教学过程各个因素优化设计的基础上，处理好体育教学系统内部各子系统之间的关系，将各因素加以科学地整合，充分地发挥体育教学的整体功能，以达到最优化的教学效果。

体育教师在体育教学设计的过程中要把握好整体优化原则，将体育教学系统的每一个要素、环节等都置于系统的整体设计之中，从而设计出最优的体育教学方案。

（三）可操作性原则

可操作性原则要求体育教学设计方案实用、高效。体育教学设计只有具备了可操作性的特点，才能更好地提高体育教学的效率。

体育教师在制订体育教学设计方案时要把握好可操作性的原则，不能生搬硬套教科书上的案例和模式，要认真分析具体的教学背景和实际，制定出切合自己学校及班级特点的教学目标，内容安排应与现有教学条件相适应。

（四）系统性原则

系统性原则是指体育教学设计的整个过程要贯彻系统论的思想，使其成为一个有机统一的整体。具体来说，在体育教学设计的过程中，体育教师要学会用系统的理论分析问题，从整体的角度出发，对体育课堂活动中的各要素进行分析，制订出不同的体育教学方案，并加以比较，从中选出最优方案来指导教学实践。

（五）灵活性原则

灵活性原则要求体育教学设计符合体育教学的发展，灵活多变。体育教师遵循灵活性的教学设计的原则，有以下三方面的原因：首先，体育教学活动受外界环境的影响较大，如场地、季节、气候等，体育教学设计要根据实际情况做出适当的调整；其次，体育教学过程中师生、学生之间人际交往复杂，角色不断发生变化；最后，在体育教学活动中，学生的身体、心理是在不断发展和变化的，体育教学设计方案也应根据实际情况做出适当的调整。

（六）趣味性原则

体育教学过程的趣味性要求体育教学设计必须体现出趣味性。体育教学过程中，影响学生学习的因素不仅指智力因素，还指非智力因素，如动机、兴趣、情感和态度等。同时，体育教学内容大多起源于各种游戏。因此，体育教师在进行体育教学设计时，要把握好趣味性的原则，具体做好以下工作：首先，体育教师应充分了解学生的兴趣，根据学生的兴趣及要求，合理安排体育教学的内容。其次，体育教学方案要包含创新的教学手段和方法，对一些枯燥和技能性较强的内容要通过适当的加工来满足学生的需要。最后，体育教师要认真分析体育教学内容的特性，教学方案设计要适合学生身体和技能情况。

（七）简明性原则

简明性原则是指体育教学设计过程与方法应该是简便易行的。很多人认为教学设计是一项非常复杂的教学技术，使用起来也不方便，一线体育教师没有能力与精力顺利完成教学设计。实质上，教学设计重要的作用之一就是提高教学的效率与效果。因此，体育课堂教学设计是一项指导教师教学的简明技术、手段，它不应该给教师增加额外的负担，教师要易于掌握，使用起来简单明了，有利于学校体育教学工作指导的实现。

（八）创新性原则

创新性原则是指在体育教学设计中体育教学理念、体育教学内容、体育教学方法和策略等方面对常规或传统体育教学有所突破或超越。通过体育教学设计的创新不仅能够有效地挖掘教学资源和提高教学效率，从而实现体育教学的低耗高效，而且能够为学生创新意识和创造能力的发展营造氛围、设计空间。

体育教学设计的创新性原则要求体育教师必须具备一定的创新性思维，这样才能设计出新颖的体育教学方案。

五、体育教学设计的具体过程

（一）体育教学目标的设计

体育教学目标的设计是体育教学设计的重要环节，其他的体育教学设计环节都要围绕它来进行。体育教学目标的设计步骤具体如下。

第一步：分析教学对象。分析体育教学对象即分析体育学习者的学习需要、一般特点、起始能力和学习风格等。它是找出体育教学中出现的问题及解决办法，确定学习者现状和目标之间差距的重要环节。同时，体育学习者的一般特点、学习风格和体育与健康知识、技能起点也制约着体育教学目标的实现。

第二步：分析教材内容。分析体育教材内容的目的在于确定体育教材内容的特点、功能、范围和深度以及找出选择体育教材内容的依据等，以使体育教材内容更好地为实现体育教学目标服务。

第三步：编写教学目标。一个完整的、明确的体育教学目标应包括教学对象、学生的体育行为、确定行为的条件及程度四个部分。这四部分适用于认知、动作技能、情感领域体育教学目标的编写。

体育教学目标的设计，能够使学生明确要学习的内容和应该达到的水平，这样便于学习者互评和自评，找出与教学目标的差距，从而增强自我调控能力和学习能力。

（二）体育教学策略的设计

探究学习教学策略的设计是以学为主的教学设计的核心内容之一。体育教学策略设计步骤具体如下。

第一步：设计体育教学组织形式。设计的内容主要包括：体育课堂常规的设计；教学场地与器材的布置；队伍、队形的安排与调动；集体教学、分组教学或个别教学形式的选择。体育教学组织形式是实施体育教学活动的关键所在，科学合理的教学组织形式将对体育教学效果产生重要的影响。

第二步：设计体育教学手段。首先，结合实际情况分析通过哪些体育教学手段可以达成体育教学目标。其次，分析体育教学内容借助于何种体育教学手段，才能完成体育教学任务。再次，根据体育教学的对象合理选择和设计教学手段。在选用和设计体育教学手段时，必须顾及教学对象的年龄特征。此外，还要考虑学生的兴趣、习惯及发展需要等因素。最后，针对学校体育教学实际选择和创造教学手段。在体育教学中设计和选用教学手段时，不能脱离教学实际，应符合体育教学设计的基本原则。

第三步：设计体育教学方法。首先，分析体育教材内容以及体育教学媒介，清楚达到目标的手段有哪些。其次，了解相关的体育教育教学规律，主要包括体育学科的特点，学生的身心发展特征，体育教学的生理学基础、心理学基础、运动学基础和社会学基础等。最后，按照一定的程序来设计科学、合理、有效的体育教学方法。

（三）体育教学过程的设计

体育教学过程设计就是按照现代系统论的观点，把体育教学各环节的设计进行优化组合，它为最佳体育教学方案提供了思路。体育教学设计对教学过程的表述是采用类似于计算机流程图的形式进行的。

采用流程图方式可以直观地展示整个体育课堂活动中各个要素之间的关系、比重；教师可以根据学习者的不同反应做出相应的教学处理，灵活性大，目的性强；能直观、简明地表现整个体育教学过程。

第二节　体育教学设计的背景分析

一、体育学习需要的分析

（一）分析方法

针对体育学习需要的分析主要有两种方法，即内部参照分析法和外部参照分析法，具体如下。

1.内部参照分析法

内部参照分析法是将制定的体育教学目标与学生体育学习现状做比较，进而从中找出差距的一种分析方法。

2. 外部参照分析法

外部参照分析法是以社会对学生的期望值为标准来衡量学生的学习现状，进而找出差距的一种方法。

在具体的体育教学活动中，包括体育教师在内的体育教学设计者可以结合具体的实际情况合理选择其中一种进行分析。

（二）分析步骤

现代高校体育教学中，对大学生体育学习需要的分析需要按照以下两个步骤进行。

第一步：确定体育教学期望。教学期望即教学目标，需要教学设计者根据体育教学的目标和体育课的类型来确定。

第二步：确定体育学习现状。体育学习现状主要是指学生掌握的知识、技能、学习态度、技术水平等。学生学习现状的分析可通过观察、测量、评价等方法来确定。

二、体育学习任务的分析

在高校体育教学中，通过对大学生体育学习任务的分析，能很好地帮助体育教学设计者分析体育教学的任务，进而更好地制订教学计划。

（一）分析方法

当前，针对大学生体育学习任务分析的方法有很多，其中主要有归类分析法、层级分析法、信息加工分析法等，具体如下。

1. 归类分析法

归类分析法是将与体育教学目标有关的教学内容进行科学的分类，以便于形成有意义的知识结构的方法。该方法能很好地帮助体育教师分析体育学习任务。在体育教学活动中，归类分析法适合于陈述性知识的学习任务分析。

以武术基本功的教学为例，体育教师可以先把学生应学习的所有体育事实、概念、原理等分别列举出来，然后分层次地组织和安排教学内容，并结合教学实际进行调整和修正。

2. 层级分析法

层级分析法是将不同层次的从属体育知识和技能进行分析，使之分别符合体育教学目标的完成的方法。该方法能很好地帮助体育教师明确体育教学内容，主要适用于智慧技能和动作技能的学习任务分析。

以篮球运动的行进间运球三步上篮教学为例，教师应充分考虑学生完成行进间运球三步上篮的从属能力，再对从属能力应具备的下一级能力进行分析，层层递进，直到分析出学生的起点能力，然后从起点能力开始组织教学。

3. 信息加工分析法

信息加工分析法对体育教师综合水平的要求较高，一般很少采用。但如果运用得当，能取得良好的教学效果。在具体的体育教学活动中，信息加工分析法适用于技能和态度类学习任务的分析。

（二）分析步骤

一般来说，对体育学习者学习任务的分析可以通过以下三个步骤进行。

第一步：确定学生的起点能力。体育教师在确定体育教学目标后，还要认真分析学生的起点能力，以免出现任何不良状况。如果发现学生存在着学习态度和知识、技能等问题，应及时调整教学进度、方法等，将体育教学纳入正确的轨道。

第二步：分析使能目标。学生从起点能力到终点能力（完成学习任务）的过程中需要掌握多项知识和技能（子技能），以基础知识和技能掌握为目标的教学目标被称为使能目标。在体育教学活动中，每一个下级水平的具体教学目标都是更高一级的教学目标的使能目标，每一个学期、单元、学时的体育教学目标都是其上层体育教学目标的使能目标。明确使能目标有助于体育教师更好地组织教学活动，保证教学的效果。

第三步：分析学习任务完成的条件。学生完成体育学习任务除了需要必要条件（使能目标）外，还需要一些支持性条件，体育教师在进行教学设计时要将这两个方面的条件因素考虑在内，以使教学方案符合教学实际和学生特点。

三、体育教学内容的分析

（一）文化背景分析

目前，关于我国学校体育教材的内容大都是从体育运动素材中精选出来的。而每一种体育运动素材都有自己的发展历程，并且都是在一定的文化背景下产生和发展的。因此，分析体育教材内容产生和发展的文化背景，有助于体育教师提高自身的综合素质，将自己的能力充分应用于体育教学之中，在教学实践中对学生起到一种潜移默化的影响。

（二）优缺点分析

作为体育教学活动的主导者，体育教师对学生起着重要的指导作用。体育教材是教学活动开展的保证，体育教师只有全面了解和掌握了教材，才能设计出有效的体育教学方案，更好地组织整个教学过程。这需要体育教师做好以下两个方面的工作：一方面，体育教师应充分认识到教材内容的优点，体育教材的内容要有利于学生的体能发展，有利于组织教学等；另一方面，体育教师应认真分析体育教材的局限性，找出教材的缺点和不足，以便于进一步改进教材，或合理选用教材内容。

（三）功能性分析

作为高校体育教学活动的重要文化形式和载体，体育教材对体育教学活动具有重要的指导作用。因此，深入、全面地分析体育教材的潜在功能以及这些功能的运行环境和条件，有助于体育教师更好地把握教学过程，进而实现体育教学的目标。具体来讲，分析体育教材的功能主要应从五个方面入手，即运动参与、运动技能、身体健康、心理健康以及社会适应。

（四）适应性分析

教材内容是体育教学的重要参考，不可能适应全部的教师和学生，再加上选编和出版过程中的一些不足，教材内容本身并不是完美的，它存在着一定的局限性，这是不可避免的。在这样的情况下，就要求必须要有特定的体育教学环境予以配合。以满足学生的体育需求。因此，在体育教学中，体育教师不仅要充分考虑体育场地、体育器材、气候条件、教学手段等基本条件对体育教学过程的影响，同时还要充分考虑体育教材是否符合学生的体育需求和发展的需要。

（五）时代性分析

高校体育教学的目标是培养适应现代社会发展的高素质人才，在体育教学中，体育教材应与现时社会相适应，体现出一定的时代性特征，培养符合社会发展需要的体育人才。现阶段，一些新兴的体育项目的出现，满足了青少年的心理和运动需求，比较符合时代的文化氛围，因此体育教师可把此类教学内容安排进体育教学之中，以吸引更多的学生参与其中，提高学生学习体育的积极性和主动性。

四、体育学习者的分析

（一）一般特征分析

1. 生理特点分析

体育教学的形式非常特殊，它对学习者的生理方面具有较高的要求。不仅要求学习者具有正常的身体形态和正常的各器官系统机能，还要求学习者具备基本的运动能力。人的生长发育都要遵循一定的规律，因此对体育学习者的生理特点分析应结合学习者的生长发育规律和身体素质的年龄阶段发展规律进行。

2. 心理特点分析

分析体育学习者的心理特点，有助于体育教师组织教学过程，提高教学质量。具体来说，应该从体育学习者的个性发展特征、情感和情绪特征、注意力和意志的发展特征、思维特点等方面分析其心理特点。

3. 社会特点分析

体育学习的过程是体验不同角色、逐渐社会化的过程，这一过程给学习者提供了较好的社会模拟场景，需要学生扮演不同的角色参与其中。体育学习者正是在其中得到社会化锻炼，增强了自己的社会适应能力。在现代体育教学中，体育教师应从人际交往特点、社会行为特点、社会角色意识、团队精神和竞争意识等多方面分析学生的社会特点。

（二）学习风格分析

1.信息加工风格

这主要是指分析学生喜欢体育教师运用什么方法进行教学，喜欢体育教师运用何种训练手段进行训练，喜欢什么样的学习节奏等。

2.感知感官

不同学习者在感知信息时所使用感官不同，如有的学生喜欢通过动态视觉刺激学习（看示范）；有的学生则喜欢通过听觉刺激学习（听讲解、录音）；还有的学生喜欢通过本体感觉（阻力、助力）学习等，体育教师要根据具体教学实际合理选择。

3.感情需求

这主要包括分析大学生的情感需要更侧重于哪些方面，如需要经常受到鼓励和安慰，需要在教学中获得兴奋和满足，需要得到教师的认可，需要受到同学的尊重等。

4.社会性需求

不同学习者在学习中的社会性需求主要包括：需要得到同学的赞同、尊重和包容；与学生一起交流和学习；建立良好的人际关系；在体育教学活动中学会遵守体育道德、社会公德及各种社会行为规范。

（三）起点能力分析

在体育教学设计中，准确确定体育学习者的起点能力，有利于制订出符合实际的教学计划，从而促进教学水平的提高。学生的起点能力包括以下四个方面：一是学生的身体机能、身体素质、健康状况等；二是学生的基本知识及技能；三是学生的体育目标知识和技能，如学生是否掌握了体育教学目标中要求的体育知识与技能等；四是学生的体育学习态度，了解学生是否存在偏爱或厌恶等心理现象。

第三节　体育教学设计的评价研究

一、体育教学设计评价的概念

体育教学设计的评价是指以体育教学设计方案为评价对象，制订合理的评价方案和科学的标准，运用一切有效的技术手段，对教学设计方案进行形成性评价。

对体育教学设计进行科学评价，能够使体育教师及时发现教学方案中存在的各种问题，帮助其及时调整教学方案，有利于体育教师熟练地掌握体育教学设计的流程和操作技术；有利于检查体育教学方案的完整性、科学性和合理性；有利于提高教师对体育教学过程整体性的再认识；有利于教学方案在实施之前得到最大程度的优化，从而显著提高体育教学的质量和水平；有利于促进体育教学设计理论的不断发展。

二、体育教学设计评价的内容及方法

（一）体育教学设计评价的内容

体育教学设计方案评价的内容主要包括体育教学目标、体育教材内容、体育学习者、体育学习需要、体育教学策略、体育教学过程以及影响体育教学实施效果的教学模式、课程类型、课程结构等要素。

概况来讲，体育教学设计评价的内容主要包括以下两个方面。

一方面，对体育教学方案的设计者和相关专家对方案进行综合性评价。这一评价是根据体育教学设计的流程，对体育教学中各个要素进行详细的分析和评价。

另一方面，对教学过程进行详细的分析和评价。仔细分析调查资料，并出具评价结果报告，为制订体育教学方案提供必要的依据。

（二）体育教学设计评价的方法

体育教学设计是体育教学的一种主观预想，所以，任何设计都可能存在一定的缺陷，体育教学方案设计也是如此。因此，在评价体育教学设计方案时，要掌握教学设计缺陷分析的方法。这种分析方法是从对结果的缺陷考查进行分析的，然后再过渡到分析和发现设计过程本身的缺陷。这种评价方法具有很强的客观性，能促进体育教学设计的发展。

应该引起评价者重视的是，教学设计缺陷分析法评价的焦点不是教学设计方案的优点或有效性，而是教学设计方案的缺陷。发现教学设计方案的缺陷是促进体育教师进行体育教学设计技术进步的有效方法，体育教师在进行体育教学设计时应注意自我检查和自我纠错分析。

三、体育教学设计评价的过程

（一）实施教学

制订好体育教学设计方案后，体育教学活动便进入了实施阶段，通过具体的实践才能证明体育教学设计方案是否合理和有效，是否能促进教学水平的提高。

在教学过程中，要对不同组别的受试者进行教学，对受试者的学习水平及应达到的学习效果进行综合分析。需要注意的是，在教学过程中应尽量避免人为因素的影响。

（二）观察教学

实施体育教学方案的过程中，应指定观察者对教学过程进行细致的观察，从中发现存在的问题并予以反馈，观察内容包括：各项体育教学活动内容所花费的时间，教学方法、组织安排等，学习者提出的问题的性质和类型，教师处理和解决问题的方法，体育学习者的注意力和学习态度。

（三）后置测试和问卷调查

体育教学设计方案试用后应及时进行某种形式的测验（学习者的学习成绩）和问卷调查（学习者对教学过程的态度、看法、意见和建议）。进行测试和问卷调查的目的是验证体育教学方案是否符合当前的教学实际和学生的心理需求。在教学方案实施后，应及时进行学生学习成绩测试和问卷调查，以便于了解教学设计方案的实施情况。需要注意的是，收集成绩资料和测验应在体育教学设计方案实施一段时间后进行。

（四）归纳和分析资料

归纳和分析资料的主要目的是帮助体育教学设计者更好地认识教学方案，其主要包括两个方面的内容：第一，归纳、整理和分析对学习者进行的测试及问卷调查资料，使体育教师充分了解体育学习者的学习情况，根据实际情况对方案做出必要的调整；第二，教学设计方案评价者可对方案实施的具体情况做初步分析，体育教学者可以根据评估的结果及时修改和调整体育教学设计方案，以保证教学活动的顺利开展。

（五）评价结果报告

体育教学方案应具有灵活性和适应性，在实施过程中根据具体的教学情况适时地做出调整和改变，但调整和修改也并不是即时就能完成的，在调整时还需要将试用和评价情况及结论写成书面的评价结果报告。具体来说，体育教学设计方案的形成性评价报告应主要包括以下内容：一是体育教学设计方案的名称；二是体育教学设计方案的试用宗旨、范围和要求；三是体育教学设计方案的评价项目；四是体育教学设计方案的评价；五是体育教学设计方案的改进意见；六是体育教学设计方案评价者的姓名、职称；七是体育教学设计方案的评价时间；八是附件，如评价数据概述表、采访记录、有关分析说明等。

第四节　新课改下的体育教学设计思考

一、当前高校体育教学设计存在的问题

目前，我国正在极力推进体育教学改革，新的课程改革在各级各类高校逐渐得到实施，但就我国高校体育教学现状来看，高校体育教学仍以传统课程教学形式为主，很多一线体育教师采取的准备工作可以概括为"两背一写"，即背教材、背教法和写教案。课堂教学模式较为传统，对于教学的反馈也是以较为传统的"两率"，即达标率、优秀率来评价。从实际效果上来看难以塑造学生体育学习的兴趣和能力。

具体来说，我国高校体育教学设计中存在的问题具体表现在以下三个方面。

（一）体育教学内容分配不平衡

体育教学内容分配不平衡，容易使一些诸如体育理论知识和运动意识培养方面的教学占据次要地位。这一问题集中体现在现代学校在体育教学中过于注重对竞技体育项目技能的教学，连同最终的考核也主要以对运动技能采用量化标准的形式进行。

调查发现，传统的田径运动是我国高校体育教学的主要内容，具体包括短跑、长跑和跳远，学期末的考核指标也就是完成跑步的用时和跳跃的最远距离。尽管在体育教学改革后，一些高校出现了自主选择式教学模式，如提供乒乓球、羽毛球、足球等项目供学生选择，但课程中仍旧以对相应项目的技战术能力的培养为主。这本无可厚非，但从整体上来看，这在改变教学内容的分配方面与当初的田径教学没有本质上的差别，改变的只有运动项目，仍旧缺乏系统的理论知识的传授，很难实现新课程标准对全面提高大学生身心素质的要求。

（二）教学方法与手段单一

虽然现代体育教学手段的丰富程度与过去相比已有天壤之别，从理论上来说，现代体育教学方法与手段显然更加丰富一些，但从实际来看，大多数体育教学过程中体育教师仍更青睐选择最为便捷和方便的语言法和示范法进行教学。

现代社会是不断进步和发展的，在新形势下，随着社会对人才的要求不断提高，以及新一代学生的心理状态和个性特点的发展变化，传统的教学方法和手段难免会出现不能充分调动学生积极性和主动性的弊端和局限。时代在变化，学生的需求也在逐渐提升，而一贯地使用传统方法会导致学生在教学活动中总是产生一种被动接受的感觉，学生的主动性、创造性得不到有效的发挥，其学习热情无法完全释放，无法体会到运动带来的快乐和成就感，更无法主动融入自主学习的机制中。

（三）教学安排的局限性较强

现代社会是信息高速发展的社会，全球范围内信息快速传递，使得许多国际上较为流行的体育运动如瑜伽、拓展运动等传入我国，被更多的人所知晓。学生作为对新鲜事物较为青睐的群体无疑对新型体育运动表现出更多兴趣。但是就目前我国高校体育教学的安排来看，仍旧过多依赖课堂授课，场地也基本局限于篮球场、足球场等，这显然无法满足大学生对运动范围扩大的要求，更不要提新颖的体育运动项目了。

在我国高校的体育课堂教学中，教师的主导地位仍是大多数体育教学的共识，尽管学生这一教学主体的自主性越发加强，但与预期还存在一定差距。教学安排的局限性影响导致体育教学课程的单一，在体育课程备课和实施教学中固守教材和大纲，缺乏创新意识和创新能力。

二、新课改下高校体育教学设计的优化

（一）以"以人为本"为设计核心

"以人为本"是体育教学的重要原则之一，不仅是体育教学活动的指导思想，还对与体育教学相关的一切活动有指导作用，体育教学设计即是其中一项。

传统体育教学过于注重传授体育知识或技能的教学设计，课堂教学显得简单粗暴，是一种"重教轻育"的行为。而在新时代下，特别是对素质教育重新定义后，体育育人的关键在于"育"，而学习运动技术或知识只是育人的一个载体。遵循以人为本原则开展的体育教学设计工作，必定会在设计中关注人文精神在体育教学中的存在意义，使得体育教学不仅仅是一个领域的知识或技能的培养这么简单，而是要成为培养人的良好生活习惯和健全人格的教育行为。因此，体育教育工作者应坚持"以学生为本"进行教学设计。

（二）以"终身体育"为设计宗旨

"终身体育"是现代体育教学的目标之一，这一目标也符合素质教育的要求。因此，在体育教学设计中要积极融入"终身体育"的培养理念，最终以通过向学生传授体育知识、运动技巧、技能以及方法等教学行为使学生清楚地认识到健康的重要意义，养成良好的体育锻炼习惯，并将其融入日常生活。

（三）注重对学习环境的构建

学习环境是开展教学活动的另一类载体。学习环境包括有形的体育教学场地、体育器材等，无形体育教学环境包括体育教学软实力、教学氛围以及校园体育文化等。现代教育学认为学习已经不再像以往那样单纯只是对知识的传输或接受的过程，而是已经将学习的行为认定为需要有强大意志性、意图性、自主性的建构实践。知识和技能的获得需要在个体运用知识和技能的"情境"中得到，因此，为了获得所需知识或技能，就需要为这一目标特别创建与之相适应的环境。

（四）探索并应用新教育技术

在现代化信息时代中，支撑信息传输的媒介就是电子计算机和互联网，凭此契机，多媒体技术也日新月异。现代教育技术在体育教学设计中的应用还主要体现在辅助和支持作用上，以此为高校学生自主学习体育课程，进行个性化发展搭建网络信息平台。多媒体教室的建立以及将便携的多媒体终端带到各种教学场所，更展现了现代教育技术在实践中较强的适应能力。这些技术为高校体育教学工作注入了新的活力。因此，要重视研究多媒体在体育教学中的应用，研究适合体育运动特点的多媒体软件，设计出生动形象的画面并运用于教学实践中，从而不断提升体育教学效果。

第五章　高校体育教学模式研究

　　我国的体育事业在不断加速发展,因此在体育教学当中越来越注重每一个环节的研究。体育教学模式作为高校体育教学当中一个关键部分,对其进行深入的研究有着很重要的意义,只有这样,才能将体育教学模式更好地应用到高校体育教学当中去。本章主要研究体育教学模式的基本理论,常见的体育教学模式、新型体育教学模式的构建以及体育教学模式发展方向。

第一节　体育教学模式基本理论

一、体育教学模式的概念

　　关于体育教学模式的界定,是从 20 世纪 80 年代才开始进行专门的探讨的。现阶段,体育教学模式的概念并未统一,其规范化程度还有待进一步提高。在体育教学模式的研究中,许多学者对体育教学模式的定义都提出了自己的认识和观点,下面就列出几种比较具有代表性的。

　　杨楠认为,体育教学模式是"体现某种教学思想或规律的体育活动的策略和方式,它包括相对稳定的教学群体和教材、相对独特的教学过程和相应的教学方法体系"。

　　李杰凯认为,体育教学模式是"蕴含特定的教学思想,针对特定的教学目标,在特定教学环境下实现其特定功能的有效教学活动与框架,是以简洁形式表达的体育教学思想理论和教学组织策略,是联系体育理论与体育教学实践的纽带"。

　　樊林虎认为,体育教学模式是指"在一定的教学思想或理论的指导下,设计和组织体育教学,从而在实践中建立起来的各种类型的体育教学活动的范型,它以简化的形式稳定地表现出来"。

　　毛振明认为,体育教学模式是"按照一定的体育教学理论或教学思想设计,具有相应结构和功能的体育教学理论或教学活动模型"。

　　综上所述,体育教学模式有一个初步统一或认可度较高的概念,即"体育教学思想特定,用以完成体育教学单元目标而实施的稳定性较好的教学程序就是所谓的体育教学模式"。

二、体育教学模式的结构

体育教学模式的结构就是体育教学模式所包含的因素，其主要包括教学思想、教学目标、操作程序、实现条件以及评价方式等，具体内容如下。

（一）教学思想

作为体育教学模式的灵魂，教学思想是建立体育教学模式所应具备的基本理论与思想基础。也就是说，要想建立体育教学模式，就需要有一定的理论知识对其进行科学指导，在不同理论指导下所建立起来的体育教学模式是有所区别的。

（二）教学目标

在体育教学过程中，建立体育教学模式的目的在于更好地实现体育教学目标。如果没有体育教学目标，也就没有体育教学模式存在的必要和价值了。"体育教学模式所能够达到的教学效果是体育教师对某项教学活动在学生身上将产生的效果所做出的预先估计。"体育教学主题具体化之后就表现为体育教学目标，教学目标是体育教学模式的核心，体育教学模式的其他要素受教学目标的影响与制约。

（三）操作程序

无论是哪一学科的教学活动，其中教学的环节（步骤）就是操作程序。在体育教学实践中，操作程序主要是指在时间层面上所展开的环节（带有逻辑性）以及各环节的具体做法等。不管是何种体育教学模式，其操作程序都具有独特性，与其他教学模式不同。操作程序并不是一成不变的，但它一定是基本的和相对稳定的。

（四）实现条件

所谓实现条件，是指体育教学模式中所采用的策略和手段，它是对操作程序的补充说明，并能够使体育教师选择合理的、正确的教学方法和策略。人力条件、物力条件和动力条件三个方面是体育教学模式中实现条件的主要内容，具体就是体育教师与学生、体育教学内容与时空以及学校的基础设施等。

（五）评价方式

不同的体育教学模式，所要完成的体育教学目标不同，而且所采用的教学程序和条件也存在差异。因此，不同的体育教学模式也具有不同的评价标准和评价方式。每一种教学模式的评价标准和评价方法都是特定的，如果使用统一的标准进行评价，就会使评价失去科学性，评价结果失去说服力。例如，与标准化评价相比，群体合作教学模式的评价标准采用的是计算个人和小组合计总分的评价方式。

三、体育教学模式的特性及功能

（一）体育教学模式的特性

1.优效性

体育教学模式的建立需要有一定的理论作为前提条件，与此同时，体育教学实践也要通过不断的修正与补充来促进体育教学模式的构建与完善。所以，提高体育教学质量，不断对体育教学过程加以改进，不断更新与完善体育教学的各个环节，避免教学资源的浪费与缺失，是完善体育教学模式的主要着眼点。从这一角度来说，体育教学模式充分体现出了其显著的优效性特点。

2.整体性

体育教学模式对体育教学的处理是从整体上进行的，具体来说，它不仅要明确规定教学活动中的教学主体（体育教师与学生）、教学客体（教学目标、教学内容）等主要因素的地位与作用，而且要对教学物质条件、组织形式、时空条件、师生互动关系或生生合作关系等影响体育教学活动并在教学活动中起重要作用的其他因素进行相应的说明。由此可以看出，这几乎把体育教学论体系中的基本内容都涵盖了，因此，人们也将体育教学模式称为"体育微型教学论"。

体育教学模式的整体性特征要求人们在对体育教学模式做出正确的认识及运用时，一定要将体育教师的教学风格、学生的年龄特点、体育基础特点、课程内容特点等体育教学模式的主要要素整体全面地确定下来并熟练把握。除此之外，教学场地条件、环境条件、教学班级人数、气候特点等一些次要要素也要列入考虑的范围内，同时还要清楚地认识到它们之间的相互关系，对各环节的相互配合、相互衔接也要表示足够的重视，从而使教学模式成为系统的教学程序。这种多部分、多要素、多环节的有机组合将体育教学整体性充分体现了出来。因此，可以说，体育教学模式是具有一定科学性的。

3.针对性

无论何种体育教学模式，其建立都是针对体育教学实践过程中的某个具体问题或问题的某一方面进行的，针对体育教学内容、体育教学对象、体育教学环境等不同要素所形成的体育教学模式是有很大区别的。从这一点来看，体育教学模式有其特定的教学目标和使用范围，是无法包罗万象的。

通常来说，一种模式的目标是多种多样的，而多样化目标又可以进行主、次的划分，其中主要的目标不仅是此模式与彼模式相区别的主要特征之一，同时也是人们有针对性地选用模式的一个重要依据。比如，启发式教学模式与快乐体育教学模式中都有发展学生技能、运动参与、情感方面等目标，但是，这些方面的主要目标并不是一样的，而是有一定的差异性。具体来说，开启学生的学习智力，使学生的运动思维得到较好的发展，从而对运动技能的学习与掌握产生积极有利的影响，是启发式教学模式的主要目标；而使学生在学练一些较为简单的体育活动动作中体验运动的乐趣，并创造性地组合一些简单的动作，体验运动成功的感觉，使其自信心有所增加，则是快乐体育教学模式的主要教学目标。

4. 简洁概括性

体育教学模式并非是"复写"体育教学活动，而是在能将自己的个性充分显示出来的基础上将教学目标、教学方法、组织形式等某一教学活动中的不重要因素省去，从理论高度简明系统地将模式自身反映出来。由此可以看出，它是对某一理论的浓缩，对实践的精简，表现出一定的简洁性与概括性。一定的体育教学模式能够将特定的体育教学思想充分反映出来，而且会在一定程度上简化教学模式的各环节，通过教学程序的方式将其展现出来，充分体现出了体育教学模式显著的简洁概括性特征。

教学模式的概括性主要体现在教学模式的表现形式、表现内容和表现种类等方面。具体来说，每一个方面的概括性都有着不同的特点，具体如下。

（1）表现形式的概括性，就是用较少的笔墨、少许的线条、符号或图表就能够将整个教学模式大致反映出来。

（2）表现内容的概括性，就是浓缩、提炼单元体育教学活动的理论或实践。

（3）表现种类的概括性，就是把具有共同特征的模式归结为一类，从而达到将某一体育教学模式的教学目标更明确地表达出来的目的。也可以在体育教学实践中使体育教师对体育教学模式有更加明了的理解与选择，从而有效避免对多种体育教学模式的理解相互混淆的现象。

5. 可操作性

这里所说的可操作性主要包括两个方面的内容。

一方面，体育教学模式易被教师模仿。究其原因，主要是由于教学模式不仅是教学理论的操作化，同时还是教学实践的概括化。体育教学活动在时间上的开展以及每一教学步骤的具体做法都需要教学模式提供相应的逻辑结构与思维，也即操作程序。这样，教师在教学中应该先做什么，再做什么，最后做什么，就非常有条理，操作性较强。

另一方面，体育教学模式的操作程序是处于基本稳定状态的。究其原因，主要在于体育教学活动的特殊性、复杂性以及影响体育教学的主要因素不能受到精确控制。关于此，比较具有代表性的是魏书生创立的"六阶段教学论"。从总体上看，教学是按照提出教学要求→组织学生自学→师生讨论启发→开展实践运用→及时做出评价→系统总结这样的程序进行的；运动技能类教学模式是按照教师的示范讲解→动作分解教学→学生初步练习→纠正错误动作→再次练习→动作部分的结合练习→纠正错误动作→完整动作练习→强化练习、过渡练习→掌握动作这样的程序进行的，而且教学程序不可逆转。但是，其中某些步骤可以以教学实际情况为主要依据进行压缩、省略和重叠，这充分体现了体育教学模式的可操作性特征。

虽然体育教学模式具有较强的针对性，但在不同条件与环境下开展体育教学，其产生的体育教学模式也会因教学指导思想和理论的不同而表现出一定的差异性。但是一旦确立了某种体育教学模式，就可以代表一定的教学思想和理念，也就表明某一特定的条件下的具体操作的稳定性和可模仿性，具体相同的理念和外在条件，便可以容易地被体育教师所模仿，这就是体育教学模式的稳定性特点。需要注意的是，随着时代的变迁，指导思想与外在条件等会发生质的变化，这就要求适当调整和变更体育教学模式。由此可以看出，体育教学模式的稳定性并不是绝对的，而是相对的。

（二）体育教学模式的功能

1. 预测功能

体育教学模式是以体育教学活动中的内在规律与逻辑关系为基础的，因此，它有利于准确地对体育教学进程和结果做出判断，即使不能准确判断，也能对体育教学进程和结果进行合理估计，甚至可以建立教学结果假说。通常以某种教学模式内在与本质的规律及其现象为主要依据，来对该模式进行预测。既要注重学生在学习过程中的学习体验，又要使学生对运动技能加以掌握，从而为学生的终身体育打下良好基础。这种模式的预测功能主要体现为以下两个方面。

一方面，如果在教学过程中没有达到预期的教学目标，说明实际与预测存在一定的差距，需要进行合理、正确的调整。

另一方面，如果在教学过程中达到了预期的教学目标，说明与事先的预测是相吻合的，证明理论与实践是相统一的。

2. 简化功能

体育教学活动有着较为显著的特殊性和复杂性的特征，因此，要想取得较为理想的处理这种特殊性和复杂性的效果，需要一些简单明了的方式。图示就是这样一种方式，它能够将各系统之间的次序及其作用和相互关系较为清晰地表达出来，这样往往就能够使人们对事物有一个整体的印象。体育教学结构能够反映出各环节各要素的关系，除此之外，也能够将其组织结构和流程框架反映出来，这种结构的主要特点在于注重原则、原理，也较为重视行为技能的学习。因此，从客观的角度上来说，体育教学模式有着非常重要的作用和意义，与现代体育教学任务是相符的，具体来说，主要表现在以下三个方面。

第一，对体育知识、体育技术和体育技能的学习与掌握非常重视。

第二，对学生的学习目标和教师的设计方案非常重视。

第三，在充分反映教学理念的同时，对具体的操作策略也非常重视。

由此可以看出，体育教学模式具有较强的可操作性，其结构和机制也较为完整。另外，体育教学模式比抽象的理论更具体、简化，不仅与教学实际更为接近，而且能够为体育教师提供基本操作框架，使教师明确具体的教学程序，因此较容易被教师理解、选用、操作与认可，受到教师的欢迎。

3. 调节与反馈功能

马克思主义唯物史观认为实践是检验真理的唯一标准，因而体育教学模式是否科学也要通过实践的体育教学活动对其进行检验才能得知。体育教学模式是依据具体的教学指导思想、教学条件和教学环境来进行安排的。例如，在实际的运用过程中，如果某一种体育教学模式没有达到预先制定的教学目标，就需要具体分析教学模式操作过程中的各个环节与因素，并找出其中的利弊关系，深入地分析其原因，提出相关对策，以使体育教学活动更加科学、合理。

4.解释与启发功能

体育教学模式的功能和作用主要表现为通过简洁明了的方法来解释相当复杂的现象。比较常见的一种体育教学模式是发展体能教学模式，这一教学模式的建立向人们展示的是整体的框架，其中文字的解释使人能够更加深入地理解教学模式，具体来说，发展体能教学模式中所蕴含的理论知识主要体现在以下三个方面。

第一，阶段性的体能目标实施与反馈控制理论。

第二，体育教学系统地、长期地发展体能的指导思想。

第三，非智力、非体力因素参与体育活动并促进技能教学的发展理论。具体来说，体能的发展是比较枯燥的，因此，如何激发发展体能的兴趣就成为一项关键性因素。需要注意的是，这一关键因素是非智力、非体力的。

除此之外，对于整个教学活动来说，具体的某种教学模式的核心环节具有非常重要的作用和意义，其主要在教学目标的制定与教学过程实施的形成性评价中得到一定的体现。具体来说，主要包括以下五个方面。

第一，预先进行体能测验，实施诊断性评价。

第二，以学生的身体条件与身体素质的侧重点为主要依据来对教学单元进行合理的安排。

第三，有针对性地对单元中诸体能目标进行练习并力争达成目标。

第四，对学习效果进行总结，实施总结性评价。

第五，以评价的结果为主要依据来实施矫正措施。

第二节　体育教学模式的种类

一、小群体体育教学模式

（一）建立背景

小群体的学习形式来源于日本的"小集团学习"理论。小群体体育教学模式是指在体育教学中，教师通过对小组教学形式的运用，将学生分为几个不同的学习小组，教师指导学习小组进行学习，各小组之间与同组的学生之间通过互动、互助、互争，以此来不断促进学生学习的主动性，从而提高教学效率的一种教学模式。小集团学习法起初是在其他学科中产生的，到了 20 世纪 50 年代开始应用于体育教学中。这种模式在高校体育教学中的运用不仅取得了较为理想的效果，还进一步促进了高校体育教学的发展和完善。

（二）指导思想

小群体体育教学模式的主要指导思想是在遵循体育学习机体发展和发挥教育作用的规律的基础上，通过高校体育教学中的集体因素和学生间交流的社会性作用，促进学生交往，提高学生的社会适应性。此外，在运用这种模式的过程中，还要注意培养学生的自主学习能力，并要适应学生的个体差异表现。概而言之，小群体教学模式的指导思想具体体现为以下四个方面。

第一，有针对性地培养学生的良好品质。

第二，强调集中注意力，并要求学生相互帮助、团结，以有效地提高组内的竞争力。

第三，通过教导学生相互帮助、合理竞争，从而促进学生的身心健康和提高其社会适应能力。

第四，要在条件基本均等的情况下，使组与组之间的学生合理竞技，从而激发学生学习的兴趣，提高学习的效果。

（三）主要优缺点

1. 优点

（1）小群体教学侧重于培养学生的团结性，有利于充分调动学生学习的积极性和竞争性，也有利于培养和提高学生的社会适应能力。

（2）通过小群体教学，既可以提高组内团队间的合作能力，又可以提高团队与其他团队之间的竞争能力，增强学生的竞争意识。

2. 缺点

由于小群体体育教学模式更注重培养学生的社会适应能力，可能导致在教学中将大量的时间消耗在这一方面，从而使得学生对教学内容的学习时间相对减少。

二、主动性体育教学模式

（一）建立背景

在现代教育中，学生是整个教学活动的主体，所以主动性体育教学模式能更好地引导学生通过思考、体验来进行交流和合作，从而进一步发展自身的社会技能、社会情感以及创造能力。在高校体育教学中，要想取得较为理想的教学效果，必须要有良好的课堂环境和氛围作为保证。因此，主动性体育教学模式在这样的环境和需求下应运而生。

（二）指导思想

主动性体育教学模式的指导思想主要包括以下四个方面。

一是培养学生的参与能力。只有使学生参与到教学活动中来，才能有机会发展学生的主动性。

二是培养学生的学习能力。引导学生站在教师的角度上去思考问题，有利于提升学生的学习能力和主动性。

三是培养学生的合作精神。要使学生认识到团队合作的重要性，培养学生的团结合作精神，同时还可创造出理解、尊重、宽容、信任、合作、民主的课堂氛围。

四是培养学生的创新意识。要想发展就必须进行创新，教师应根据教学实际和学生的具体情况，有针对性地培养学生的创新意识和创造能力。

（三）主要优缺点

1. 优点

（1）体育教学中运用主体性体育教学模式能够实事求是、有针对性地发展学生的主体意识。

（2）有利于提高和发展学生的学习主动性和自我学习能力。

2. 缺点

主动性体育教学模式要求学生有一定的自觉性基础并且要求学生具有自我设计教学计划、教学方法、教学手段、组织措施的能力，更要求学生有较强的自学能力；否则，主动性体育教学模式就很难取得理想的效果。

三、发现式体育教学模式

（一）建立背景

发现式体育教学模式是指通过体育教师的指导，学生能够独立地研究和发现事实与问题，从而更加深刻地掌握相关原理和知识的教学模式。这种教学模式主要强调学生的直觉思维、内在的学习动机以及教学过程三个方面。

（二）指导思想

发现式体育教学模式是教师通过对学生进行引导，让他们运用主观思维进行积极思考、独立发现问题并解决问题的教学方式。基于此，这种体育教学模式的指导思想就是在体育教学中通过遵循学生的认知规律来考虑教学过程，体现以学生为主体，以学生为中心的思想。具体来说，其指导思想具体包括以下六个方面。

其一，着重增强学生学习的积极性和趣味性。

其二，调动学生思维的主动性。

其三，在以学生为主体的前提下，对学生进行指导。

其四，在将答案揭晓之前，要让学生自己去探索问题的答案。

其五，对问题情境进行设置，并使学生投入教学情境中的过程更为自然，对学生的学习热情与积极性进行激发与鼓励。

其六，提高学生学习运动技能的效率，使学生更加深刻地领悟技能和知识，记忆更加牢靠。

（三）主要优缺点

1. 优点

（1）发现式体育教学模式既能调动学生学习的热情和积极性，又能提高学生的学习效率。

（2）发现式体育教学模式有利于开发学生智力，提高学生的智力水平。发现式体育教学模式非常重视学生的智力发展，通过在学习过程中设置问题情境，激发学生学习的好奇心，进而提高其智力水平。

2. 缺点

（1）发现式体育教学模式会在问题的提出、讨论、解决等环节占用大部分的教学时间，从而使得运动技能练习与巩固的时间相对减少，因此会对学生学习和掌握运动技能的效果产生影响。

（2）发现式体育教学模式还会受不稳定因素的影响，所以从教学模式的评价来看，无法在短时间内对其他教学模式进行比较。

四、选择式体育教学模式

（一）建立背景

在"健康第一"指导思想和新课程标准的影响下，为了更好地体现以学生为主体的教学观念，现代高校体育教学中出现了选修课。选修课的出现可以使学生在体育学习过程中依据自己的喜好和需要选择适当的项目学习。由于选择式教学模式具有较高的可行性和良好的教学效果，近年来在多所学校中已普遍使用，并受到体育教育工作者的高度重视。

（二）指导思想

选择式体育教学模式可以使学生自主选择的优势得到充分体现，学生可自主选择所要学习的内容、学习进度、学习参考资料、学习伙伴、学习难度等，这样不仅能够极大地提高学生的学习积极性，同时也能够将学生学习的主动性充分调动起来，从而更好地培养学生的学习能力。

（三）主要优缺点

1. 优点

（1）学生自主选择学习内容，这不仅是学生主体地位的充分体现，而且有利于提高学生的学习兴趣。

（2）由于学生可以根据自身的兴趣和需求来选择学习内容，因而能够更好地培养学生的自觉性、学习热情、学习态度、情感体验、克服困难的意志力等，同时能够增强学生的责任感。

2. 缺点

（1）根据目前相关教学实践来看，选择式体育教学模式虽然对有运动兴趣的学生有积极作用，但对于那些暂时还没有特别兴趣的学生在选择上会导致盲目性，也就是说，这种教学模式目前还不适用于全体学生。

（2）由于受到技术难度、趣味性、运动量以及考核评价等方面的影响，学习内容可能会导致学生功利性地选择运动项目，从而使得选择内容不均等，不利于教学活动的顺利开展。

五、领会式体育教学模式

（一）建立背景

领会式体育教学模式是 20 世纪 80 年代由英国学者提出的。在当时，这种教学模式的运用主要是为了对球类教学的过程结构进行合理的改造，对新教程进行领会，试图通过这一教学模式对以往教学中存在的缺陷进行改正。这个缺陷主要是指为达到提高球类教学质量的目的，只对技能教学表示重视，而忽略学生对整个运动项目的认知和对运动特点的把握。

（二）指导思想

领会式体育教学模式的指导思想主要包括以下四个方面。

第一，这种教学模式强调先尝试，后学习。

第二，这种模式强调要在尝试的过程中了解学习运动技术的重要性，进而促进学生学习主动性的提高。

第三，该模式强调先进行完整教学，然后再分解教学，在对分解后的各部分知识有所掌握后进行完整的尝试，从而对学习前后的效果进行对比。

第四，该模式提出竞赛是开展体育教学活动最主要的组织形式，并指出这有利于提高学生学习的积极性和实用性。

（三）主要优缺点

1. 优点

领会式体育教学模式通过先让学生进行初步体验，体会出学习正确动作的必要性，然后根据学生的实际情况，由教师选择合理的教学方法，促使学生产生强烈的学习动作的动机和需要，进而将学生学习的积极性调动起来，提高学习效率。

2. 缺点

在尝试性比赛中，学生因对这项运动缺乏深刻的了解，很可能会使比赛无法顺利进行。

在一些尝试性的比赛中，要想避免这种情况的发生，可以适当降低难度和要求，使学生慢慢进入角色，从而使比赛更为有序，以此来保证常识性比赛的顺利进行。

第三节　新型体育教学模式的构建

一、新型体育教学模式构建的参考依据

新型体育教学模式的构建需要把握以下四个参考依据。

（一）参考体育教材性质

体育教学以教材为基本工具，体育教师教学、学生学习都要借助教材这一基本教学工具。体育教材也是体育教师与学生共同完成体育教学目标的内容载体。通常把体育教材分为概括性教材与分析性教材两大类，这主要是以体育教材内容的性质为依据划分的，具体分析如下。

1. 概括性教材

这类教材中没有较难学习的运动技术需要学生掌握，对概括性教材进行讲解的主要目的是使学生对体育项目有简单的了解，培养学生体育学习的兴趣，促进学生的身心健康。学生在学习该类教材时主要是注重体验乐趣，获取快乐，所以要构建并选用快乐式教学模式、情景式教学模式以及成功式教学模式进行教学。

2. 分析性教材

这类教材中的运动技术具有一定的难度，对这类教材进行讲解的主要目的是提高学生的自主学习能力与创新能力，促进学生体育知识与技能的增长，学生在学习该类教材时注重培养学力与创造力，所以要选择构建主动性体育教学模式、发现式教学模式以及领会式体育教学模式等进行教学。

（二）参考体育教学目标

体育教学模式构建与运用的关键是教学目标，体育教学模式需要体育教学思想与目标为其提供活力、指明方向。体育教学思想与目标也是区分教学模式的一个标准。体育教学目标在新课程改革之后有所变化，主要涵盖了四个方面：一是提高学生运动参与能力与积极性的目标；二是促进学生身心健康的目标；三是促进学生正确掌握运动技能的目标；四是提高学生社会适应能力的目标。

上述体育教学目标要求在体育教学中要构建与选用情景体育教学模式、探究体育教学模式以及成功式教学模式等进行教学。

（三）参考体育教学对象

体育教学活动离不开学生这一教学主体，体育教学活动中，学生也是非常重要的一个组成部分，所以要针对学生不同学期的具体情况与特点来对教学模式进行构建。

学生在大学时期，主要是接受专项体育运动教学训练，适合这一时期的体育教学模式有技能性体育教学模式，同时也要发挥体能性体育教学模式的辅助作用，所以对这两种教学模式的构建极其重要。

二、新型体育教学模式的构建原则

（一）坚持教学目标、内容、形式、结构与功能的统一原则

从本质上来讲，新型体育教学模式的建构是处理好高校体育教学活动中形式与内容、结构与功能的关键问题。所以，体育教师应该对各类体育教学课堂结构和形式的功能与作用进行全面分析，并以教学目标和条件为依据对教学模式做出比较合理的选择。

（二）坚持统一性与多样性的统一原则

体育教学模式构建的统一性是指在构建和创造体育教学模式时，要继承我国体育教学的思想和成功经验。

新型体育教学模式构建的多样性是指在开发和构建体育教学模式时应尽量实现多样化，避免单一化与程式化的不足。

（三）坚持借鉴与创新的统一原则

体育教学模式要坚持创新与借鉴的统一性。这里所说的借鉴具体是指借鉴两个方面的内容：一方面要借鉴国外的先进教学模式理论；另一方面是要借鉴国内的先进教学模式理论与成功教学经验。

随着全球化趋势的加强，学校体育教学也必然要受到教育全球化的影响，因此要有机结合创新与借鉴，这样才能运用成功的经验，吸取失败的教训，不走或少走弯路。具体来说，统一借鉴与创新，就是要以正确的体育教学思想为指导，借鉴前人和他人的成功经验和理论，结合教学中的客观实际，提高体育教学的效率。

三、新型体育教学模式的构建步骤

概括地讲，新型体育教学模式的主要构建步骤如下。

第一，明确指导思想。选择用什么教学思想作为构建模式的依据，使教学模式更突出主题思想并具有理论基础。

第二，确定构建模式的目的。在明确指导思想的基础上，确立建构体育教学模式所达到的目的。

第三，寻找典型经验。在完成第一步的基础上，通过调查研究，寻找恰当的典型经验或原型作为教学案例，案例要符合模式构建思想与目的。

第四，抓住基本特征。运用模式方法分析教学案例，对教学案例的基本特征与教学的基本过程进行概括。

第五，确定关键词语。确定表述这一体育教学模式的关键词。

第六，简要定性表述。对这一体育教学模式进行简要的定性表述。

第七，对照模式实施。对照这一体育教学模式进行具体教学，并通过实践进行检验。

第八，总结评价反馈。通过体育教学实践验证，对实践检验的结果进行归纳总结，通过初步实践调整修正模式并反复实践以不断完善。

四、两种新型体育教学模式的构建与运用

（一）合作式体育教学模式的构建与运用

体育教学活动中，合作教学模式的运用有利于学生合作意识与能力的提高，有利于学生交往、实践及协调能力的增强，也有利于学生个性发展和终身体育意识的形成。

1.合作体育教学模式的构建

（1）构建程序。首先，要以体育教学大纲规定的教学时间与教学内容为主要依据，对上课时间进行合理的分配与安排。其次，体育课堂教学之前，教师要做好课堂教学计划，即教案。制订教学计划时教师要加强与学生的合作，与学生一起探讨教学方法的选择。

（2）具体实施。一是明确教学目标。体育教学过程的第一环节就是要明确并呈现教学目标，这一环节中，体育教师的口头讲解与动作示范要有机结合学生的观察体验与思考，加强师生之间的沟通与交流。二是对学生进行集体讲授。对学生进行集体授课时，体育教师要适当缩短授课时间，提高教学效率，从而留出更多的时间为下一环节（小组合作）做准备，教师要注意提高学生的学习积极性，善于运用一些新颖的问题来使学生的注意力集中到课堂中。三是加强小组合作学习。学生的学习主体性以及学生之间的沟通与交流是小组合作环节的重点，学生要在小组合作学习中积极发表自己的意见，提高自己的主动性、积极性及创新性。四是实施阶段测验。体育教师在学生学习一个阶段后，对各个学习小组进行阶段测验，从而对学生在这一阶段的学习情况与效果有一个初步了解。五是积极反馈。在反馈阶段，体育教师要综合评价学生这一学习阶段的具体表现。学生在小组合作学习中获取的知识比较零散，系统性很差，所以教师要正确引导学生归纳所学知识，使之成为系统的知识体系，便于学生掌握与记忆。小组测试也是反馈的一个重要手段，通过测试反映出学生学习效果的不足，从而有针对性地对其进行纠正与完善。

2.合作教学模式在体育教学中运用的注意事项

（1）更新教学观念。合作教学模式在体育教学活动中的运用要求对传统的体育教学观念进行更新，对学生的重要性进行重新认识，重视学生的主体地位，引导学生充分发挥

自身的主观能动性，尊重学生的人格，在教学中加强与学生的合作交流，以学生的具体情况为依据进行教学。

（2）注重学生主体意识的培养。首先，体育教师在体育教学活动中要想方设法来激发学生的思维与学习热情，然后引导学生积极发现与探索新问题、新情况，在引导过程中，注重学生自主意识和独立能力的培养。其次，教师要注重自身的引导作用，通过提问、质疑等手段，引导学生把注意力集中到课堂教学中。最后，教师主导性的发挥要以实现体育教学目标为出发点，倘若没有从教学目标出发，就谈不上学生主体性的培养了。

（二）启发式体育教学模式的构建与运用

"启发式体育教学模式指的是在体育教学活动中，教师以体育教学目标、教学规律以及学生的认知水平和年龄特点为主要依据。通过采取各种教学手段来引导学生独立思考、积极主动地获取知识、解决学习问题的过程。"解决教学中出现的问题、提高体育教学的质量以及促进学生体育学习积极性的发展是体育教学模式的实质。

1. 启发式体育教学模式的构建

（1）对问题情境进行创设。体育教师在对问题情境进行创设时，要具体以体育教材的重点和学生的实际情况为依据。在创设问题情境的过程中，体育教师不仅要解决学生在学习中出现的问题，更要采取一定的方法与措施来引起学生的好奇心，使其主动提出疑惑并积极思考解决疑惑，这样有利于学生学习热情的充分调动，有利于提高学生逻辑思考与客观分析及解决问题的能力。

（2）采用直观教学手段。体育教师在对学生进行启发的过程中，要尽量采用直观的教学方法手段，减少抽象概念的使用。直观手段具体是指多媒体、录像、图片等直观教具的使用，直观教学方法有利于学生学习兴趣的激发与提高，有利于学生以最为简单的方式清晰地掌握学习内容。

（3）采用多样化的练习手段。体育教师在引导学生进行练习的过程中，要以体育教学任务、目的和要求为主要依据，并要善于采取一些有助于启发教学的练习方式作为辅助学习的手段。除此之外，体育教师还可以以教材内容为依据对多样化的练习手段加以运用，以此来促进学生学习兴趣的提高，同时也能够提高学生的学习效果。

2. 启发式教学模式在体育教学中运用的注意事项

（1）对教材重点与难点有所明确。体育教材重点是学生要掌握的关键内容，教材难点是学生不容易掌握的教材内容。教师在运用启发式教学模式进行教学时要以教材重点为中心，通过口头叙述、动作示范等各种教学方式来引起学生对教材重点内容的思考。体育教师也可以针对重点动作做一些生动、逼真的模仿，这样学生也能比较容易地掌握教学内容。除此之外，教师也要重视学生的身心特点、认知能力和学习基础，遵循因材施教的教学原则，使每个学生的学习效果都能得到保障。

（2）对多元评价体系进行科学构建。评价学生的学习过程或结果主要是为了总结学生的学习效果，对学生学习体育起到一种督促与激励的作用。合理的评价有利于提高学生学习的积极性和主动性。评价的实施步骤具体为：评价标准的确定—评价情境的创设—评价手段的选用—评价结果的利用。评价讲究合理，不要求过于呆板地、严格地对应标准答案，根据具体情况保留一定的评价空间。教师在对学生的学习技能做出评价的同时，也要引导学生进行自我评价或学生之间的互相评价。

第四节　体育教学模式的发展走向

一、体育教学模式创新与发展的集中点

目前常见的体育教学模式是有限的，但随着体育教学改革的不断推进和创新，还会有更多的教学模式不断出现，并且在体育教学中得到应用。而关于未来体育教学模式的发展，其发展集中点主要表现在以下三个方面。

（一）保留演绎型教学模式

教学模式形成的方法主要有由概括实践经验而成的归纳法和靠逻辑生成的演绎法两种。从一种思想或理论假设出发设计而成的一种教学模式，就是演绎教学模式。其中，20世纪50年代以后产生的教学模式大都属于这一类型。演绎教学模式是从理论假设开始的，形成于演绎，其对科学理论基础非常重视。演绎教学模式的这一特点不仅为人们自觉地利用科学理论做指导提供了一定的可能，还为主动设计和建构一定的教学模式来达到预期目的奠定了一定的基础。由此可以看出，演绎型的体育教学模式的发展是教学模式发展的一个重要趋势，是与教学理论的发展和研究方向相符的，因此改革中要注意保留演绎型的体育教学模式。

（二）重视学生的主体性

传统的教学模式对教师的主导作用的重视程度比较好，但其将教学过程片面地归结于教师的教，而忽略了学生的学，这就使得学生在教学过程中处于被动地位，对学生主观能动性和能力的培养产生了一定的阻碍作用。

随着以学为中心的教学理论的发展，传统意义上的师生关系有了较大程度的变化，他们的地位和作用也有了一定的改变。"教师中心论"逐渐被"教师主导学生主体论"取代。在这种新的教学观的影响下，体育教学模式也进行了一定的改变。具体来说，主要改革趋势为由以教师为中心的教学模式向以教师为主导以学生为主体的教学模式转变。以教师为主导以学生为主体的教学模式，对于学生创新能力、自学能力和探索能力的培养较为有利，能够在一定程度上调动学生学习的能动性和积极性。除此之外，还需要强调的是，这与现代人才的培养理念是相符的，因此，可以将其作为体育教学模式的一个重要改革方向。

（三）注重学生能力的培养

现代社会科学技术发展迅猛，知识增长迅速，终身教育的普及以及竞争压力的不断增大，都对人的能力提出了更高的要求，单一的知识积累已经不能满足当今社会的需求。因此，在体育教学过程中，必须在教学模式上进行一定的改进，只有这样，才能够更好地培养学生的运动能力、一般能力、创造能力、自学能力和社交能力。

二、体育教学模式的发展趋势

（一）理论研究的精细化

研究体育教学理论，其目的既在于更好地指导体育教学实践，也在于对体育教学实践起到总结作用。如果没有理论研究，又或者缺乏体育实践，那么整个体育教学就会失去意义。因此，必须将体育教学的理论研究与实践研究相结合，来加强理论研究的力度与成效。具体而言，其具有以下发展趋势。

其一，与其他理论相同的是，体育教学模式的研究必将从对一般教学模式的研究走向学科教学模式的研究，再到课堂教学模式的研究。

其二，对体育课堂教学模式的研究趋向于精细化，这包括学期教学模式、单元教学模式、课时教学模式。精细化是体育教学模式研究的必然趋势。

（二）教学目标的情意化

教学实践研究表明，智力因素和非智力因素对学生的学习活动起着非常重要的作用。现代体育教学模式的不断发展也逐渐对传统教学活动中过于强调智力因素，而忽视非智力因素的作用等状况进行了改善，并取得了良好的效果。现代体育教学模式的目标在使学生增长知识，培养学生能力的同时，更加注重人格教育、品德教育、情感教育与知识教育的结合。随着人们对人本主义心理学越来越重视，学生的情感陶冶也开始备受关注。许多高校已将情感活动作为心理活动的基础，对学生的独立性、情感性和独创性进行了更加全面的培养。例如，情景式体育教学模式和快乐式体育教学模式通过问题情境的创设，提高教学过程的新奇度与趣味性，使学生的学习兴趣得到有效激发，从而产生一种强烈的学习动机，这种动机下学习和掌握体育知识技能带有很强的情感色彩。

（三）教学形式的综合化

体育教学形式的综合化是指体育教学模式向着课内和课外一体化方向发展。由于受时间的限制，课内的时间不能充分培养和发展学生自动化的运动技能与锻炼身体的习惯，这就需要在教学中安排充足的课外时间进行练习和巩固，而课内的主要任务就是学习新知识。并针对错误的动作做进一步改进。只有这样，才能使学生更加熟练地掌握运动技能，实现个体运动技能的自动化。但从目前情况来看，我国各高校对课外体育活动的重视程度相比体育课本身要弱很多，有的甚至处于放任自流的状态，这对体育教学效果有着非常严重的影响。

　　从体育教学模式发展的角度来看，由于目前对课外体育活动的不够重视，使得有关这一方面的研究也受到了很大的影响。"课内外一体化"教学模式下，虽然设计了课内与课外相结合的教学，但在实际的运用过程中还不够成熟，也没有形成明确的操作模式。因此，目前并没有将其列入现有的体育教学模式体系中。只有当这种模式的理论与实践发展成熟后，其才能成为一种重要的体育教学模式。

（四）教学实践的现代化

　　随着现代教育和科技的快速发展，高校体育教育在教学手段方面也得到了很大程度的突破，各种教学实践活动呈现出较为明显的现代化特点，并逐渐实现了对传统体育教学方法的改革和创新。在现代体育教学活动中，先进技术产品和手段的运用也在很大程度上提高了体育教师的授课效率，同时进一步激发了学生的学习兴趣，调动了他们主动学习的积极性。目前，现代体育教学模式已经开始与现代教学技术手段相融合。由此可以看出，在体育教学模式中引入和运用先进的技术手段是其发展的重要趋势。

（五）评价标准的多元化

　　体育教学模式不同，其评价的方式也会有所差异。随着现代教育改革的不断深入，体育教学模式也发生了较为明显的变化。采用单一的评价方式将很难对某一体育教学模式的科学性做出全面、客观的反映，这就要求在评价时要采用全面的评价方式，所选择的评价指标也必须多元化。

　　传统的体育教学模式过于重视结果评价，而忽视对学生学习和实践过程的评价，这就使得学生的学习兴趣、爱好、情感反应等方面都很难得到全面的体现和反馈。而现代的体育教学模式逐渐摆脱了单一的终结评价方式，开始重视学生的学习过程评价、单元评价以及学生的自我评价等。

第六章 高校基础运动实践指导

第一节 田径运动实践指导

一、田径运动的基本概况

田径运动是体育运动的重要组成部分，是最古老的体育运动项目之一，也是人类在社会实践中逐步产生和发展起来的最基本的运动项目之一，逐渐成为人类生活、工作、军事中的基本技能。现代田径运动是指由走、跑、跳、投与全能运动所组成的运动项目，是一种结合了速度与能力、力量与技巧的综合性体育运动。

田径运动是各类体育运动项目的基础，其基本运动形式为走、跑、跳、投，分个人和集体项目，每个项目都有自身的特点，突出地反映人的速度、力量、耐力等某一方面的能力，优秀学生运动员训练和比赛大多围绕一个专项。对于大学生而言，参加田径项目，能全面地、有效地提高人的身体素质和发展运动技能，而且田径项目不受人数、年龄、性别、季节、气候等条件的限制，便于在高校中广泛开展。

二、田径运动技术教学指导

（一）跑类项目技术教学

1. 短跑技术学练

（1）起跑技术

短跑运动的起跑包括起跑前的准备姿势和起跑动作，要求反应快、起动有力，使身体由静止状态获得最大向前冲力（初速度）。因此起跑技术对全程速度和成绩影响很大。根据田径比赛的规则，田径短跑项目中的起跑必须采用蹲踞式起跑，它包括"各就位""预备""鸣枪"（跑）三个过程，具体如下。

①各就位

"各就位"口令是要求学生在比赛中做好比赛准备的第一步，也是短跑起跑的第一个过程。当学生听到"各就位"的口令后，要轻松有信心地走到起跑线前，把有力的脚放在前面，身体下蹲，两手在起跑线前撑地，两脚前后分开约一脚半的距离，左右距离大约为10厘米，后膝跪地，两臂伸直，两手相距与肩同宽或稍宽于肩，四指并拢与拇指成八字形张开，虎口向前、头微低、颈放松、肩约与起跑线平齐、背微弓，两眼看前下方40～50厘米处，注意听"预备"的口令。

②预备

"预备"口令是要求学生做好起跑准备的提示，当学生听到"预备"的口令后，两脚用力后蹬，后膝抬起，臀部提起稍高于肩，背微隆起，重心前移，两肩稍过起跑线。这时体重就要落在两臂和前腿上。前后腿、大小腿的夹角分别为90°和120°左右，注意力高度集中听枪声。

③鸣枪

当学生听到枪声后，两手迅速推离地面，屈肘前后有力摆动，同时两腿快而有力地蹬地，然后后腿以膝部领先迅速向前上方摆动。前腿充分蹬直，使髋、膝、踝关节成一直线，上体保持较大前倾。后腿前摆至最大程度后，大腿积极下压，用前脚掌在身体重心投影后下方落地。刚开始跑时注意步幅不宜过大，上体要在起跑过程中逐渐抬起。

（2）途中跑技术

短跑运动的途中跑是整个快速跑中的主要阶段，在途中跑过程当中，学生应尽量放松，腿部动作幅度大，步子频率快，前脚掌积极而富有弹性地落地，用踝、膝积极缓冲过渡到后蹬。后蹬时摆动腿应迅速有力地向前上方摆出，积极带动髋关节前送迅速伸展膝、踝关节，最后用脚趾蹬离地面。后蹬角约为50°。两臂的摆动有助于维持身体平衡、加快步频和加大步幅。摆臂时两手半握拳，肘关节自然弯曲呈90°，以肩为轴快速有力地前后摆动。跑动中面朝前方，目视终点，颈部放松，躯干保持正直或稍前倾。注意动作轻松有力，协调自然，步幅要大，频率要快，重心平稳，跑成直线。呼吸要短而快，千万不可憋气。

（3）终点冲刺技术

短跑运动的终点冲刺是全程的最后阶段，一般为15～20米。技术和途中跑基本相同，但要加强两腿蹬地力量和两臂的摆动，上体可适当前倾，到离终点最后一步时，上体要迅速前倾，撞终点线应用胸或肩部位触及。

2. 中长跑技术学练

（1）起跑技术

起跑是中长跑运动的第一个运动过程，一般采用"半蹲式"起跑或"站立式"起跑两种起跑方式。

①"半蹲式"起跑

学生到起跑线后，有力的脚在前，站在起跑线后沿，另一脚向后站立，两脚前后距离约一个脚掌。前腿的异侧臂支撑地面，支撑地面的手将拇指与其他四指分开呈"人"字形撑在起跑线后沿，另一臂放在体侧。这时的体重主要落在支撑臂与前腿上。这种姿势比较稳定，不容易由于重心不稳而导致犯规。听到发令员枪响后，两腿迅速并行蹬伸，后面的腿积极屈膝前摆，两臂则配合两腿的蹬摆动作进行屈臂前后摆动，整个身体向前俯冲，以便于在较短的时间内获得较快的初速度。

②"站立式"起跑

学生到起跑线后，两脚前后开立，有力的脚在前，脚尖紧靠起跑线后沿，前脚跟和后脚尖之间的距离约为一个脚掌长，两脚左右间距约为半个脚掌长（15 ~ 20 厘米）。体重大部分落在前脚掌上，后脚用脚尖支撑站立。两腿弯曲，上体前倾，头部稍抬，眼看前方 7 ~ 8 米处，身体保持稳定姿势，集中注意力听枪声。这时两臂的姿势有两种：一种是前腿的异侧臂在前，同侧臂在体侧；另一种是两臂在体前自然下垂。听到鸣枪或"跑"的口令时，两脚用力蹬地，后腿蹬地后迅速前摆，前腿充分蹬直，两臂配合两腿动作快而有力地摆动，使身体迅速向前冲出，以获得较快的初速度。

（2）加速跑技术

加速跑是学生在中长跑运动中获得较快的途中跑速度的重要技术环节，在加速跑的过程中，上体前倾稍大，摆腿、摆臂和后蹬的动作都应迅速而积极。加速跑的距离主要根据项目、个人特点与比赛情况而定。一般 800 米要跑到下弯道才结束；1500 米跑到直道末才结束，然后进入匀速而有节奏的途中跑阶段。

（3）途中跑技术

途中跑是中长跑运动的主要部分，对于学生来讲，掌握途中跑的技术非常重要。学生中长跑运动途中跑技术的学练具体如下。

①上体姿势

在途中跑过程中，学生的上体自然挺直，适度前倾 5° 左右，跑的距离愈长，上体前倾角度愈小，胸要微微向前挺出，腹部微微后收，头部自然与上体成一直线，颈部肌肉放松，眼平视。尽量避免上体左右转动或扭动，后蹬时髋前送，以提高后蹬效果。

②摆臂

在途中跑过程中，学生的臂的摆动应和上体及腿部动作协调一致。正确摆臂能维持身体平衡，并有助于腿的后蹬。中长跑时，两臂稍离开躯干，肘关节自然弯曲，半握拳，两肩下沉，肩带放松，以肩为轴前后自然摆动，前摆稍向内，后摆稍向外，摆幅要适当，前不露肘、后不露手。摆臂的动作幅度应随跑速大小而变化，感到疲劳时，可改为低臂摆动，以减少疲劳。

③腿部动作

中长跑的途中跑大致可以分为三个阶段，即后蹬阶段、腾空阶段和落地缓冲阶段。

后蹬阶段：当身体重心移过支撑点以后，支撑腿就进入了后蹬阶段。当摆动腿通过身体垂直部位继续向前摆动时，支撑腿的各关节要迅速伸直。后蹬时各关节要充分伸直，首先以伸展髋关节开始，在摆动腿积极前摆的配合下向前送髋，腰稍向前挺，此时膝关节、踝关节也积极蹬直，这样能够适当地减少后蹬角度，获得与人体运动方向一致的更大水平分力，推动人体更快地向前移动。在后蹬结束时，后蹬腿完全伸直，上体、臀部与后蹬腿几乎成一直线，摆动腿使小腿与蹬地腿成平衡状态。

腾空阶段：后蹬腿蹬离地面后，人体进入腾空状态。其任务是最大限度地放松蹬地腿的肌肉，并积极省力地将大腿向前上方摆出。当后蹬腿的大腿向前上方摆动时，膝关节的有关肌肉群放松，小腿顺惯性与大腿自然折叠。当摆动腿的大腿摆至与地面垂直时，骨盆向摆动腿一侧下降，摆动腿的膝关节低于支撑腿的膝关节。这样摆动腿一侧的膝关节比较放松，使肌肉用力与放松交替控制得好。

落地缓冲阶段：当大腿膝盖摆到最高位置后开始下压时，膝关节也随之自然伸直，用前脚掌做"扒地式"的着地。当脚与地面接触之后，膝关节和踝关节弯曲，脚跟适度下沉，脚着地点更靠近重心投影点，落在重心投影点前一脚左右的地方。跑时可由脚掌外侧着地过渡到全脚掌着地，也可用全脚掌着地，着地动作要柔和而有弹性，两脚应沿着直线落地。落地后立即进入下一个"后蹬阶段—腾空阶段—落地缓冲阶段"的循环。

（4）弯道跑技术

中长跑运动中约有一半以上的距离是在弯道上进行的，在跑进时，学生要想克服沿弯道跑进时产生的离心力，身体可适当向左倾斜，跑速越快向左倾斜的程度越大。摆臂时，右臂向前摆的幅度稍大，前摆稍向内，左臂后摆幅度稍大。摆动腿前摆时，右膝前摆应稍向内扣，左膝前摆稍向外展。脚着地时，右腿用前脚掌内侧着地，左腿用前掌外侧着地。弯道跑时，应靠近跑道的内沿，以免多跑距离。在比赛中最好不要选择在弯道上超越对手。

（5）终点跑技术

终点跑是学生在到达终点前的一段加速跑。动作要求基本上和短跑相同。这时学生已处于疲劳状态，此时学生依靠顽强意志冲向终点。跑的动作应该是摆臂加快而用力，加强腿的后蹬与前摆。由于中长跑的距离不等，学生可以根据个人的余力、场上情况和战术要求来决定冲刺的距离。一般情况下，800 米跑可在最后 200 ~ 250 米开始加速并逐渐过渡到冲刺跑。1500 米可在最后 300 ~ 400 米逐步加速。

（6）呼吸技术

学生在参加中长跑锻炼时，掌握好跑进时呼吸的节奏很重要。具体来讲，中长跑中正确的呼吸方法应该是口与鼻共同进行的，通常是采用微张口与鼻同时吸气，用口来呼气。在寒冷的季节里，吸气时为了避免冷空气直接从口腔进入体内，可采用卷起舌尖抵住上腭的口腔吸气方法来缓解冷空气吸入。呼吸的节奏应和跑步的节奏相配合。一般的，慢速跑时，可采用三步一呼、三步一吸的呼吸方式；快速跑时，可用两步一呼、两步一吸的呼吸方式。

（二）跳跃项目技术教学

1.跳远技术学练

（1）助跑技术

在跳远运动中，助跑的目的是获得最大的水平速度。跳远的助跑步幅要稍小些，频率要较快，身体重心较高，节奏性要强。助跑时应沿直线逐渐加速，跑到起跳板时应达到最高速度，为踏跳做充分准备。运动实践中，助跑距离的长短因人而异，一般的，男子助跑距离为 35 ~ 45 米，女子助跑距离为 30 ~ 35 米。

（2）起跳技术

学生在快速跑助跑的情况下，通过有利的助跑来获得必要的垂直速度，并尽量在保持水平速度的前提下，使身体腾起。在跳远中，水平速度大于垂直速度，腾起角小于45°，起跳是跳远技术的关键。当学生的助跑将要结束时，在助跑的最后一步，当摆动腿支撑时，起跳腿快速跑，折叠前摆，上体正直或稍后仰。在起跳脚着地的刹那，由于助跑水平速度的惯性和身体重力的作用，产生很大的压力，迫使起跳腿的髋、膝、踝关节产生很快地弯曲缓冲，全脚掌迅速滚动，身体前移。两臂积极向上摆动至肩齐平时突然停止。摆动腿的大腿积极向前上方摆至水平位置，小腿自然下垂，完成起跳动作。

（3）腾空技术

学生起跳腾空后，身体应尽量保持平衡稳定，并做好落地的准备。上体正直，摆动腿屈膝前摆，大腿高抬并保持水平姿势，起跳腿自然放松地留在后面，呈腾空步姿势。一般的，跳远腾空姿势有以下三种。

①蹲踞式

学生在腾空步以后，迅速将踏跳腿提至前方与摆动腿并拢，双腿屈膝向胸前靠近，同时上体稍向前倾。快要落地时两腿向前伸出，同时两臂向后摆。当脚跟触及沙面时，两膝很低地弯曲，两臂从后向前摆动，身体重心前移以保证平稳落地。

②挺身式

学生在腾空步后，摆动腿自然下落，小腿向前、向下、向后弧形摆动，使髋关节伸展，两臂向下、向后上方摆振。这时留在身体后面的起跳腿与向后摆的摆动腿靠拢，臀部前移，胸、腰稍向前挺，形成挺身展体的姿势。落地前两臂由后上方向前、向下、向后摆动，收腹举腿，上体前倾以保证平稳落地。

③走步式

在跳远运动中走步式跳远难度较大，要求学生在腾空阶段完成走步的动作，具体为当学生起跳动作完成后，身体呈现"腾空步"，处在身体前方的摆动腿应以髋为轴，用大腿带动小腿向下、向后方摆动，同时处在身体后方的起跳腿则以髋关节为轴，大腿向上抬摆，并且屈膝带动小腿前伸，完成两条腿在空中的交换动作。两臂也要配合两腿的换步进行绕环，以维持身体平衡。

（4）落地技术

跳远的落地技术有以下两种。

前倒落地：脚跟落地后，前脚掌下压，屈膝并向前跪，使身体移过支撑点后继续向前移动，身体前扑倒下。

侧倒落地：脚跟落地时，一腿紧张支撑，另一腿放松，身体向放松腿的一侧倒下。

2.跳高技术学练

（1）助跑技术

助跑前应先熟悉助跑的距离，助跑弧线丈量方法要先确定起跳点。由起跳点向近侧跳高架方向平行横杆向前自然走五步，再向右转90°角向前自然走六步做一标志，再向前走七步画起跑点（最后一步一般比倒数第二步短10～20厘米）。由标志点向起跳点画一弧线（半径约为5米），即成最后四步的助跑弧线。跳高运动中，以背越式跳高为例，学生的助跑路线分前后两段，前段跑直线，后段跑弧线（最后三四步）。用远离横杆的腿起跳。起跳点的位置一般在离近侧跳高架的立柱1米、离横杆垂直向下投影点50～80厘米处。助跑的距离一般为6～8步或10～12步。起跑点和起跳点的连线与横杆的夹角约为70°，弧线半径为5米左右。

助跑过程中，助跑的前段应快速跑，跑法和普通加速跑相似。后段由于是跑弧线，所以身体向圆心倾斜，跑速愈快倾斜度愈大，前脚掌沿弧线落地。它的特点是身体重心高、步频快，小腿伸得不远，落地更为积极。这样便于保持较大的水平速度，有利于做快速跑有力的起跳动作，增加起跳的效果。由于是弧线助跑，起跳时身体侧对横杆，因而转体较为容易。整个助跑过程中身体应较松、自然、快速、准确。跑的过程中注意高抬膝关节。

（2）起跳技术

良好的起跳能使学生把助跑时所获得的水平速度转变为垂直速度，使身体腾空。学生的起跳动作可细分为起跳、脚着地缓冲和蹬伸三个阶段。当学生助跑到倒数第二步结束，摆动腿支撑地面后，在摆动腿迅速有力的后蹬推动身体快速跑前移的作用下，起跑腿迅速以髋关节带动大腿积极向前迈步，起跳脚顺弧线的切线方向踏上起跳点，以脚跟外侧领先着地并迅速滚动到全脚掌。同时两臂要配合摆动腿迅速向前上方摆起，重心快跟，上体积极前移，使起跳腿缓冲。跳时，起跳腿的髋、膝、踝关节必须充分伸直，这是直立腾起的关键，同时双肩倒向横杆，使骨盆比肩更迅速地上升而使身体尽量与地面保持垂直，身体重心轨迹与足迹重叠，以便为最后用力的蹬伸腾起创造有利条件。当身体重心移至起跳点上方时，起跳腿迅速而有力地蹬伸，完成起跳动作。注意起跳要求和助跑的最后几步要衔接紧凑。

（3）过杆和落地技术

一些学生在起跳后往往会由于起跳时摆动腿屈膝向异侧肩前上方的积极摆动，使身体腾空后逐步转为背对横杆的姿势，这时不要急于做过杆动作，而要努力保持身体的上升趋势。当肩和背高于横杆时，两肩迅速后倒，充分展髋，小腿放松，膝部自然弯曲，身体成反弓形，背部与横杆成交叉状态，反弓仰卧在横杆上方，髋部的伸展动作要延续到臂部过横杆。当膝盖后部靠近横杆时，两小腿积极地向上举。含胸收腹，以肩背领先过杆，过杆后注意落垫时的缓冲。

（三）投掷项目技术教学

1.推铅球技术学练

（1）握法和持球

以右手为例，握球时，五指自然分开弯曲，手腕背屈；把球放在食指、中指和无名指的指根处，拇指和小指自然地扶在球的两侧。握好球后，把球放在锁骨窝处，贴近颈部，手腕外转，掌心向外，手臂肌肉放松，握球要稳。

（2）预备姿势

推铅球的技术有侧向滑步投、背向滑步投和旋转投三种方式。这里重点介绍背向滑步的预备姿势。背向滑步的预备姿势有两种，具体如下：

①低姿势

学生持球背对投掷方向，两脚前后开立50～60厘米，右脚跟正对投掷方向，左脚以脚尖或前脚掌着地，左臂自然下垂或前伸，两腿自然弯曲，上体前俯，重心落在右腿上。两眼看前下方2～3米处。这种姿势容易维持平衡。

②高姿势

学生持球背对投掷方向，右脚尖贴近圆圈，脚跟正对投掷方向，重心在右脚上。左脚在后，并以脚尖或前脚掌着地，距右脚20～30厘米。上体正直放松，左臂自然上举或前伸，两眼看前下方3～5米处。这种姿势较为自然放松，能协调地进行滑步动作、提高速度。

（3）滑步技术

良好的滑步技术能使人体和铅球获得一定的预先过渡，并为最后用力创造良好的条件，提高成绩1.5～2.5米。

在做滑步前，学生可做1～2次预摆。当摆动腿向后上方摆出时，上体自然前俯，左臂自然地伸于胸前。然后左腿回收，同时弯曲右腿，当左腿回收到接近右腿时，身体重心略向后移，紧接着左腿向投掷方向拉出，右腿用力蹬伸，当脚跟离地面后，迅速拉收小腿，右脚向内转扣，并用前脚掌着地，落在圆圈中心附近与投掷方向约为130°角。这时左脚要积极下落，以前脚掌内侧迅速地落在直径线左侧靠近抵制板处。两脚落地的时间越短越好，以利用动作连贯，并能迅速地过渡到最后用力。

（4）最后用力和投掷后维持身体平衡

在推铅球运动中，学生投掷铅球的方法不同，其最后用力维持身体平衡的方法也不同，以背向滑步技术为例，学生最后用力后的身体平衡具体如下。

当学生的左脚积极着地的一刹那，最后用力就开始了。在滑步拉收右腿的过程中，右膝和右脚就向投掷方向转动，右脚着地后还要不停地蹬转，并推动右髋向投掷方向转动。上体也逐渐向上抬起。在右髋的不断前送中很快地向左转体，挺胸抬头，左臂摆至身体左侧制动，两脚积极蹬伸，同时右臂将铅球积极推出，在铅球快离手时，手腕和手指迅速向外拨球，投球的角度一般为38°～42°。当球离手后，立即将右腿换到前面，屈膝、降低重心，以维持身体平衡。

2. 掷标枪技术学练

（1）握枪和持枪

①握枪

握标枪的方法主要有现代式握法和普通式握法两种，以右手投掷为例介绍如下。

现代式握法：现在国内外学生大都采用的握法是将标枪斜握在掌心，拇指与中指握住标枪绳把末端第一圈上端，食指自然地贴在标枪上，无名指与小指也自然地握住绳把。

普通式握法：用拇指和食指握住标枪绳把末端的第一圈，其余三个手指握住绳把。

②持枪

持枪的方法有很多，不管是哪一种持枪方法都应有利于持枪助跑发挥速度，有利于引枪并控制标枪的位置和角度，并保持肩部放松和持枪臂的放松。以下重点介绍肩上持枪法和腰间持枪法。

肩上持枪：把标枪举在肩上，弯曲的投掷臂和手腕控制标枪，标枪的尖部略低于尾部，整个标枪稍高于头部，放松手腕。

腰间持枪：握枪后将标枪置于腰侧，助跑时枪尖在后，枪尾在前，持枪助跑仍像平跑时那样前后摆臂，进入投掷步时再引枪，将枪尖对准投掷方向。用这种方式引枪时，需翻手腕将枪尖对准前方，因此难度较大。助跑时肩、臂动作自然放松。

（2）助跑技术

同推铅球的滑步、掷铁饼的旋转一样，掷标枪的助跑的作用是给器械获得预先速度，并控制好标枪的位置，为引枪和超越器械创造良好的条件。掷标枪的助跑由两个部分组成，第一段是预跑，即持枪跑；第二段是标枪特殊的助跑，即投掷步。

①预跑阶段

掷标枪的助跑一般要 25 ~ 35 米。把从第一标志到第二标志 15 ~ 20 米的距离作为预跑阶段，通常跑 8 ~ 14 步。预跑段时，投掷臂持枪，上体稍前倾，用前脚掌着地，高抬大腿，蹬伸动作有力，动作轻快而富有弹性，并且助跑的节奏性要强，持枪臂和另一臂要与两腿动作协调配合，两眼平视，头部自然抬起。

学生在预跑段的助跑应是逐渐加速的，助跑的步长也要稳定，助跑阶段也要能控制，以便于完成投掷步和为最后用力提供前提。据有关资料介绍，掷标枪助跑时的速度，相当于本人最高跑速的 60% ~ 85%，就是适宜助跑速度。但这也得根据个人的技术熟练程度而定。尤其对初学者来说，预跑段的助跑速度更要控制，如果技术熟练，可提高助跑速度。

②投掷步阶段

在掷标枪的投掷步过程中，包含着一个特殊的交叉步，为此，有人把掷标枪的投掷步叫作交叉步阶段。投掷步是从第二标志开始，到投掷弧这一段距离内的助跑。实际上是从预跑加速过渡到最后用力直至标枪出手这一系列的动作阶段。投掷步的任务是通过特殊的助跑技术，使下肢动作加快，在快速跑向前运动中完成引枪，并且通过投掷步形成身体超越器械，为最后用力和出手创造良好条件。投掷步通常跑 4 ~ 6 步，男子需 9 ~ 15 米，女子 8 ~ 13 米。投掷步有两种形式，具体如下：

跳跃式投掷步：该投掷步形式腾空时间较长，两腿蹬伸的力量大，有利于引枪动作和超越器械的完成，动作也比较轻快自如。但这种跳跃式的投掷步，要防止跳得过高，造成重心起伏过大，影响动作的直线性和连贯性。

跑步式投掷步：该投掷步形式近似平常跑步，特别是向前速度较快，身体向前平直，但不利于形成身体的超越器械。

（3）最后用力和标枪出手后的身体平衡

学生在投掷步的第三步右脚落地后，髋部顺向前惯性继续运动，身体继续向前运动，在身体重心越过了右脚支撑点上方时（左脚还未着地），右腿积极蹬伴用力。左脚着地时，左腿做出有力的制动动作，可加快上体向前的运动速度。右腿继续蹬地，推动右髋加速向投掷方向运动，使髋轴超过肩轴，并带动肩轴向投掷方向转动。在肩轴向投掷方向转动的同时，投掷臂快速向上翻转，使上体转为面对投掷方向，形成"满弓"姿势。此时投掷臂处于身后，与肩同高，与躯干几乎成直角，标枪处在肩上后方，掌心向上，枪尖向前。当学生的身体形成"满弓"后，胸部继续向前，将投掷臂最大限度地留在身后，右肩部的肌肉最大限度地伸展。由于向前的惯性的作用，左腿被迫屈膝，但随即做迅速有力的充分蹬伸，同时以胸部和右肩带动投掷臂向前做爆发性"鞭打"动作，并使用力的方向通过标枪纵轴。

标枪出手后，保持身体平衡是全过程的结束动作。为了防止人体越过投掷弧而造成犯规，标枪出手后，右腿应及时向前跨出一大步，降低身体重心，以保持平衡。为了保证最后用力时学生可以大胆向前做动作而又不犯规，注意最后一步左脚落地点至投掷弧的距离应在1.5～2米，避免距离过远或过近。

第二节　体操运动实践指导

一、体操运动的基本概况

体操一词来源于古希腊语，古希腊人将从事锻炼的各项走、跑、跳、攀登、爬越、舞蹈、军事游戏的内容统称为体操，体操是当时所有运动的总称。这一概念沿用了较长时间。19世纪末，欧美各国相继涌现了一些新的运动项目，并建立起"体育是以身体活动为手段的教育"的新概念。至此，体育一词才逐步取代原来体操的概念成为身体运动的总称，体操也从内容和方法上区别于其他的身体运动形式，形成自身独立的运动项目和现代的概念。

现代体操，指的是通过徒手、持轻器械或在器械上完成不同类型与难度的单个动作、组合动作或成套动作，充分挖掘人的潜能，表现人的控制能力，并具有一定艺术要求的体育项目。随着时代的变革，体操运动的项目和运动方式等得到了不断的发展和完善。

现代国际竞技体操向难、新、美、稳相结合的艺术化方向发展。女子项目"男性化"，移植男子项目的动作，这就更加推动了新技术的研究。可以预期，随着竞赛复杂化、选手年轻化与训练科学化等程度的不断加深，体操技术将会迅速发展到一个新的水平。

二、体操运动技术教学指导

（一）体操初级技术教学

1.技巧

（1）倒立

①肩肘倒立。坐撑，上体后倒，收腹举腿，当脚尖至头上方时，两臂在体侧下压，两腿上伸。至倒立部位时，髋关节充分挺开，臀部收紧，屈肘手撑背部，停住。

②头手倒立。蹲撑，两手在体前撑地与肩同宽，用头的前额上部在手前约等边三角形处顶垫。一脚稍蹬地，另腿后上摆，接近倒立时，并腿上伸，身体挺直呈头手倒立。

③手倒立。直立，两臂前上举，接着体前屈，两手向前撑地（同肩宽），稍含胸，一脚蹬地，另腿后摆。当摆动腿至垂直上方时，蹬地腿向摆动腿并拢，顶肩立腰，全身紧住呈手倒立。手倒立的控制，如重心向前时，手指要用力顶住，同时稍抬头顶肩；如重心向后时，掌跟用力，稍冲肩。

④直臂屈体分腿慢起手倒立。由分腿屈体立撑开始，肩稍前移，含胸顶肩，收腹向上提臀，两腿靠紧体侧。当臀部上提至接近垂直部位时，两腿由两侧向上并拢，同时肩随之后移，呈手倒立。

（2）平衡

①俯平衡。直立，单腿后举，上体慢慢前倒，成单脚站立，另腿尽量向后高举，挺胸抬头，两臂侧举呈平衡姿势。

②侧平衡。由站立开始，一脚站立，一腿侧举，同时上体侧倒，一臂上举，另一臂稍屈贴于体后，呈侧平衡姿势。

2.单杠

（1）蹬地翻上成支撑

①动作要领

直臂正手握低杠站立，屈臂上步于杠前垂面，后腿由后经下向前摆动。同时前腿蹬地向后上方跳，同时屈臂用力引体、倒肩、腹部靠杠，当身体转斜到45°时，双腿伸直并拢，当身体翻转至水平时，制动双腿，抬上体，翻撑杠。

②练习方法

A.跳上支撑前倒慢翻下；

B.单腿蹬高处做翻上。

③保护与帮助

保护者站在杠前侧方，当练习者蹬地后，一手托肩、一手托腿，顺势前送。

（2）后向大回环

①动作要领

由手倒立开始，身体下落时要直臂顶肩，脚向后远伸，身体尽量伸直，使身体重心远离握点，前摆接近下垂直部位时要"沉肩"，体稍后屈，摆过垂直部位30°～40°时，迅速向前上方兜腿，稍屈髋，当身体接近杠上垂直部位时，向上伸腿展髋，同时顶肩翻腕成手倒立。

②练习方法

A. 悬垂大摆，体会沉扁；

B. 在海绵包前做手倒立、顶肩后翻成俯卧；

C. 在保护与帮助下练习。

③保护与帮助

保护者站在杠侧高台上，一手从杠下翻握其手腕，另一手托其肩使其倒立。

（3）单腿骑撑后倒挂膝上

①动作要领

右腿骑撑开始，两臂伸直撑杠，向后摆左腿，推双手，身体重心后移，右腿屈膝挂杠，上体后倒。身体重心远离杠面，当身体转到杠垂面时，左腿加速向前上摆。当转到斜上方45°时压穿右腿，翻腕立腰，握紧双手制动，双腿前后大分腿呈骑撑式。

②练习方法

A. 保护者站其身侧抱后腿，在练习者后移重心时拉腿到离杠极远处；

B. 挂膝摆动；

C. 在保护帮助下练习。

③保护与帮助

保护者在杠前站立，一手从杠下扶其肩，另一手扶其后腿部，后摆后腿，当后摆到极点后一手扶肩，一手挽扶挂膝关节，帮其固定转轴，托肩手帮其翻转。

（4）悬垂摆动屈伸上

①动作要领

悬垂前摆开始，收腹成直角沉肩，过杠下垂面后收腹屈体，双腿靠杠面到前摆极限，回摆同时直臂压杠穿腿，跟肩部构成支撑，腿继续后摆。

②练习方法

A. 低杠正握，屈体充分拉肩，后跳收腹，脚踏垫子放浪；

B. 用跑放浪上跳做屈伸上。

③保护与帮助

保护者站在杠前侧面，一手杠下扶其肩，帮助加大放浪，一手在其臀过模具垂面扶腿帮其收腿屈体。在回摆时一手托其背，一手托其腿，帮其后上呈支撑状态。

（5）支撑后倒屈伸上

①动作要领

由支撑开始，两臂伸直撑杠，上体后倒，当身体失去支撑时，收腹、屈髋，两腿沿杠面落到脚靠近杠前成屈体悬垂前摆，身体前摆时肩和臀充分远送，后摆到支撑，技术与悬垂摆动屈伸上相同。

②练习方法

A. 支撑后倒放浪；

B. 推杠跳起做短振屈伸上。

③保护与帮助

与悬垂摆动屈伸上相同。

3. 双杠

（1）支撑摆动

①动作要领

前摆从后摆最高点开始，以肩为轴，身体保持直体自然下摆，脚尖向后远伸，肩稍前移。当身体到支点时顶肩向前上方兜腿、顶肩、梗头，按惯性紧腰，身体自然展开，肩角充分拉开。后摆从前摆最高点开始，身体保持伸直，身体自然下摆。固定肩，双臂用力支撑。在身体下摆接近垂直部位前，髋关节稍屈，摆过垂直部位后，加快腿的"鞭打"，含胸顶肩，以肩为轴自然后摆，顶臂使肩角充分拉开。

②练习方法

A. 学习正确的支撑，并在双杠支撑时移动；

B. 小幅度支撑摆动。

③保护与帮助

保护者站在练习者侧面，一只手扶其肩部，另一只手托腹（后摆）或托臀（前摆）。

（2）分腿坐前滚翻呈分腿坐

①动作要领

分腿骑坐，两手靠近大腿内侧握杠，上体前倒，顺势提臀、屈体，同时双肘内收顶住两肋使臀前上移至双手支点后，迅速开臂成双肩和手共同组成的支撑面。并腿前滚，双手迅速向前换握杠，臀部接近杠面时，两腿分开并下压，两臂压杠跟肩呈分腿坐。

②练习方法

A. 低山羊放在杠端，在杠面上放一块垫子，在杠端做前滚翻落于垫上。

B. 在帮助下完成动作。

③保护与帮助

保护者站在练习者侧面，一手托其腿，另一手在杠下托肩，帮助提臀、屈体、前滚，换手时托其背，防止掉下。

（3）分腿坐慢起肩倒立

①动作要领

分腿骑坐，双手在大腿内侧靠近大腿处握杠，夹肘置于两肋部，低头，前移重心，提臀，当重心移过支点后，双臂开肘以双肩、双手组成支撑面，双腿从两侧拢并腿，抬头立腰倒立。

②练习方法

A. 头手倒立；

B. 做双杠肩倒立；

C. 在保护帮助下完成。

③保护与帮助

保护者站在练习者侧面，一手扶其背部，另一只手扶腹部或扶髋部。

（二）体操进阶技术教学

1. 技巧

（1）滚动与滚翻

①手倒立落下经胸滚动成俯撑。由手倒立开始，肩稍前倾，两臂有控制地弯曲并尽量使身体后屈下落。抬头使胸部先着地，接着腹、大腿、小腿依次触垫滚动，两臂顺势撑直呈俯撑姿势。

②前滚翻。蹲撑，提臂，两脚稍蹬地，同时屈臂，低头，含胸，用头的后部、颈、肩、背、腰依次触垫前滚。当滚到背腰时两手迅速抱腿，上体紧跟大腿呈蹲立姿势。

③"鱼跃"前滚翻。以半蹲姿势开始，重心前移，两臂前摆，同时两脚蹬地，使身体向前上方跃起。腾空后，保持含胸稍屈髋的弧形姿势，接着两手撑地，两臂有控制地弯曲，低头含胸前滚起立。

④"鱼跃"前滚翻直腿起。助跑，单起双落向前上方跳起，髋角应保持在135°左右。两手撑地，有控制地屈臂、低头、含胸前滚。当滚至腰臀部位时，上体猛向前压，同时两手在大腿外侧用力向后撑地呈屈体站立。

⑤挺身"鱼跃"前滚翻。助跳要有速度，起跳要有力。躺起后要积极后摆腿，同时挺胸抬头，身体充分展开。手撑地时，两臂有控制地弯曲，接着低头含胸，团身前滚起立。

⑥经手倒立前滚翻。由手倒立开始前倒，当感觉失掉平衡后，迅速屈臂、低头、含胸前滚翻。滚至背部时，立即团身抱腿起立。

⑦后滚翻。蹲立，重心后移，团紧身体并保持一定速度后滚。当滚到肩、颈部，身体重心超过垂直部位时，两手在肩上用力推垫，使身体翻转，两脚落地呈蹲撑状态。

⑧屈体后滚翻。直立，上体前屈，重心后移，两手后伸在腿外侧撑地。接着臀部后坐，上体后倒，举腿翻臀，屈体后滚，两手置于肩上。当滚到肩部时，两手在肩上用力撑垫使身体翻转，经屈体立撑起立。

⑨后滚翻经手倒立成屈体立撑。并腿坐上体后倒，举腿后滚，两手在肩上撑垫，眼看

脚尖。当滚至脚尖接近与呈成垂直时,迅速向上伸腿展髋,同时用力推手,顶肩,紧身,抬头经手倒立。接着屈体下落,两臂控制使肩稍前倾,收腹落下呈屈体立撑状态。

（2）手翻

①侧手翻。预备姿势是侧向站立,臂侧举,左腿侧举,头左转。上体左侧倒,左脚落地(脚尖向左),右腿侧摆。左手撑地,左腿随之蹬地摆起。右手撑地,经分腿倒立(这时应顶肩,立腰,展髋,分腿)继续翻转。推开左手,右脚落地(脚尖向右),身体侧起呈开立状态。

②头手翻。直立、上体快速前屈(稍屈膝),两手向前撑地,接着两脚离地,两臂弯曲,用头的前额上方在两手之间稍偏前的位置顶地。经短暂的屈体头手倒立过程,当身体重心超过支撑垂面上方后,两腿猛力向前上方蹬伸,充分展髋。同时,两手用力推地,挺胸抬头,使身体向前上方腾起。落地时脚前掌先落地,然后全脚掌落地,两臂上举。

③前手翻。趋步,右脚向前踏地,上体前压,左腿后摆两臂向前撑地,接着右腿蹬地后摆。接近倒立时,快速顶肩推手,使身体向前上方腾起。腾空时要挺身、抬头、紧腰,两腿并拢,前脚掌先着地,两臂上举。

④后手翻。以两臂前举站立开始,稍屈膝屈髋后坐,两臂自然后摆。重心后移,当身体向后失去平衡时,两臂迅速经前向上后甩,稍蹬地,抬头,"挑"腰,使身体充分后屈。经低腾空,向后翻转接着两手撑地,利用反弓手倒立的反弹力顶肩推手,收腹提腰,脚落地呈直立状态。

2. 单杠

（1）支撑后摆下

①动作要领

由支撑开始,两腿先向前预摆。肩部稍前倾,接着双腿向后上方摆腿,两臂伸直支撑。当后摆到极点要下落时,稍含胸制动,双腿顶肩推手,挺身落下。

②练习方法

A. 低杠支撑后摆下,手不离杠;

B. 支撑后摆;

C. 在保护下完成动作。

③保护与帮助

保护者站在杠后侧方,一手托其腹部,另一只手托其腿部帮助后摆,然后扶身体落地。

（2）骑撑前回环

①动作要领

由右腿骑撑双手反握开始,两臂伸直撑杠,身体重心前移提臀,右腿上举向前迈出。以左腿大腿前部压杠为轴,上体前倒靠近右大腿,当转270°时,右腿压杠,展髋,左腿继续后摆,两臂伸直压杠,翻腕立腰分腿呈骑撑状态。

②练习方法

A. 帮助者站在练习者前抱其右腿做迈步提臀前倒上体；

B. 在杠前设立标志物练习前回环。

③保护与帮助

保护者站在杠后，一只手杠下扶手腕，另一只手扶大腿后部使其固定转轴，在转过270°后托后背帮其呈骑撑状态。

（3）支撑后回环

①动作要领

支撑开始，双腿向前预摆，肩部稍前倾，接着双腿后摆，双臂伸直撑杠，然后身体下落至腹部贴杠面后，上体迅速后倒，双腿前摆，以腹部为轴，稍屈髋，两臂压杠回环，当转过杠的垂面后，制动双腿，抬上体挺胸，展髋，翻腕立腰呈支撑状态。

②练习方法

A. 支撑后摆贴腹；

B. 在保护帮助下支撑后倒腹回环；

C. 在保护帮助下完成动作。

③保护与帮助

保护者站在杠前，一只手杠上扶肩，另一只手杠下扶大腿，帮助后摆前移肩，当回摆贴腹后进行转动，扶其臀固定转轴。

（4）腹撑前腿摆越成骑撑

①动作要领

以腹支撑开始，重心左移，左手直臂支撑，同时向上摆右腿，推右手离杠，右腿摆到最高点向杠前放右腿呈骑撑状态，回原重心右手再握。

②练习方法

A. 原地模仿练习；

B. 在保护帮助下完成动作。

③保护与帮助

保护者站于杠后，一只手托肩帮其移动重心，另一只手扶腿帮其侧上摆并前放。

3. 双杠

双杠动作主要以摆动、摆越、展伸、弧形、回环、空翻和静止等动作为主。双杠动作移动范围大、变化复杂，可以支撑做，也可以悬垂做。既可以正撑，也可以侧撑；既可在两杠上做动作，也可以在单杠上做动作。规则要求一套双杠动作编排要以摆动、转体、空翻为主，动作结构组合要多样，连接要紧凑连贯，不可出现不必要的静止和无价值的动作或连接。

（1）分腿骑坐前进

①动作要领

由支撑前摆开始，当前摆两腿过杠面时，立即向前上两侧分腿，分腿落于两杠面成骑坐，推手重心前上移，用两大腿内侧压杠挺身上立。过支点后上体前倒，双手向远处撑杠，同时两腿伸直，用大腿压杠反弹，后摆并腿，支撑自然前摆。

②练习方法

A. 练习支撑摆动前摆分腿坐；

B. 在帮助下双手压杠反弹并腿支撑摆动。

③保护与帮助

保护者站于杠侧，一手扶练习者的肩部（杠上），一手杠下托其腹部。

（2）支撑前摆向左直角下

①动作要领

由支撑前摆开始，当身体过杠面推右手向左推并移重心向左，当腿摆到极点制动，双手握左侧单杠，左手侧平举，右手单臂支撑，挺身跳下。

②练习方法

A. 右腿体前蹬单杠，推右手向外移身体跳下；

B. 双手握左杠，双腿蹬两杠跳下；

C. 在保护与帮助下完成动作。

③保护与帮助

保护者立于练习者左侧，当练习者摆腿过杠面后，一只手拉其左肩外移，另一只手托其臀部。

（3）挂臂前摆上

①动作要领

由摆臂开始，前摆到杠垂面稍沉肩加速兜腿，身体摆到杠面突然制动，压臂跟肩支撑，身体继续上摆，肩充分顶开。

②练习方法

A. 体会前摆制动；

B. 分腿仰卧于双杠，练习压臂跟肩；

C. 在保护与帮助下完成后摆动作。

③保护与帮助

保护者站在练习者侧面，一只手握其上臂，另一只手在杠下托送髋部。

第三节 游泳运动实践指导

一、游泳运动的基本概况

游泳运动是作为一种生存技能而产生和发展起来的，游泳是人在水里凭借肢体的动作同水相互作用而进行的活动技能。现代游泳运动可分为竞技游泳、实用游泳和大众游泳。竞技游泳是指具有特定的技术规格，并按游泳竞赛规则进行比赛的游泳运动项目。正式的游泳竞赛项目有自由泳、仰泳、蛙泳、蝶泳、个人混合泳和接力6类。实用游泳是指直接为生活、生产或军事服务的游泳技术。大众游泳是指以游泳作为基本手段，以增进身体健康、丰富业余生活为直接目的的各种游泳活动。

游泳运动是一项良好的健身运动项目，长期坚持游泳，能增强心肌机能，加快血液循环，给身体各部分提供足够的氧气和营养。游泳还能提高人体内分泌功能，从而提高人体在冷热的不同条件下对疾病的抵抗力，完善人体的免疫系统。此外，游泳运动还能帮助健身者塑造良好的形体。

二、游泳运动技术教学指导

（一）蛙泳技术教学

1. 身体姿势

蛙泳的身体姿势不是固定不变的，而是随着臂、腿及呼吸动作的周期性变化而不断变化的。在一个动作周期中，两臂前伸、两腿向后蹬直并拢时，身体是几乎水平地俯卧于水中的，头部夹在两臂之间，两眼注视前下方，腹部与大、小腿位于同一水平面上，臀部接近水面，身体纵轴与水平面呈5°～10°角。这种身体姿势，可以减小游进时的水阻力。要做到这一点，要求胸部自然伸展，稍收腹，微塌腰，两腿并拢，脚尖伸直，两臂并拢尽量前伸，全身拉伸成一直线。

在游进过程中，身体会按一定的节奏上下起伏。在划水和抬头吸气时，上体会向前上方抬起，肩和背部的一部分上升露出水面，此时躯干与水面的角度较大。当两臂前伸、两腿向后蹬夹时，随着低头的动作，肩部又浸入水中，身体恢复成比较平直的流线型姿势向前滑行。

对于初学蛙泳者，不宜过分追求在划水和吸气时拉高身体的动作。因为抬头过高或过分挺胸，会造成下肢下沉，迎角增大，使身体在前进方向上的投影截面增大，从而增大游进时的阻力。

2. 腿部技术

蛙泳的腿部动作是保持身体平衡、推动身体前进的一个重要因素。尽管现代蛙泳技术强调以臂为主，但腿部动作的作用不容忽视。对于初学者来说更是要强调掌握好腿部技术。蛙泳腿部技术可以分为收腿、翻脚、蹬夹、滑行四个紧密相连的动作环节。

（1）收腿

收腿是翻脚、蹬夹的准备动作，是从身体伸直成流线型向前滑行的姿势开始的。收腿时，腿部肌肉略微放松，大腿自然下沉，两膝开始弯曲并逐渐分开，小腿和脚跟在大腿后面向前运动。收腿时，踝关节放松，脚底基本朝上，脚跟向上、向前移动，向臀部靠拢，两腿边收边分开。两小腿和两脚在前收的过程中要落在大腿的投影截面内，以避开迎面水流，减小收腿的阻力。收腿动作应柔和，不宜太用力。在收腿的过程中臀部略下降。收腿结束时，两膝内侧的距离约同肩宽；大腿与躯干呈130°～140°角，大、小腿折叠紧，小腿接近于与水面垂直，为翻脚和蹬夹做好准备。

（2）翻脚

翻脚动作的目的在于使腿在蹬夹时有一个良好的对水面。在蛙泳技术中，翻脚动作很重要，翻脚直接影响到蹬夹的效果。

当收腿使脚跟接近臀部时，大腿内旋，两膝稍内扣，小腿向外张开，两脚背屈使脚掌勾紧向外翻开，脚尖转向两侧，使小腿和脚的内侧面向后，形成良好的对水面，为蹬夹动作做好准备。翻脚实际上是收腿的结束动作和蹬夹的开始动作。在收腿接近完成时就开始翻脚，翻脚快完成时就开始蹬夹，在蹬夹的开始阶段继续完成翻脚。收腿、翻腿、蹬夹三个动作紧紧相连，一环扣一环，形成一个连贯圆滑的鞭状动作。

（3）蹬夹

蹬夹动作是推动身体前进的重要动力来源。蹬夹动作的推进效果主要取决于蹬夹时腿的运动方向、对水面作用力的大小及运动速度。

蹬夹动作在翻脚即将完成时就已开始。由于翻脚动作的惯性，脚在后蹬的开始阶段是继续向外运动的，完成充分的翻脚。随后，由腰腹和大腿同时发力，依次伸展下肢各关节，两脚转为向后向内运动并稍下压，直至两腿蹬直并拢，完成弧形的鞭状蹬夹。蹬夹动作是"蹬"与"夹"的结合，两腿是边后蹬边内夹，当两腿蹬直时两膝也已并拢了。既不是完全向后蹬，也不是向外蹬直了再内夹并腿。

蹬夹时，下肢各关节的伸展顺序是保持最大对水面积的决定因素。正确的顺序是：先伸髋关节，后伸膝关节，最后伸踝关节，直至两腿伸直并拢。蹬夹开始时，主要是大腿向后运动，膝关节不宜过早伸展，以使小腿尽量保持垂直对水的有利姿势，避免出现小腿向下打水的错误。在蹬夹过程中，脚应保持勾脚外翻姿势；在蹬夹将近结束时，脚掌才内旋伸直，完成最后的鞭水动作。如果先伸踝关节，则会破坏翻脚所形成的良好对水面，形成用脚尖蹬水的错误。

在蹬夹过程中，脚相对于静止的水的运动轨迹是一条复杂的三维曲线，既有向后的运动，又有向外、向内、向下的运动，水对腿部动作的反作用力，由蹬腿升力和蹬腿阻力构成。在蹬夹过程中，蹬腿升力起着重要的推进作用。但由于小腿和脚的内侧面是向后对水的，且相对于自身来说腿部向后运动的幅度较大，故蹬腿阻力对推进力的贡献更大些。这就要求大腿内收肌群在蹬夹过程中积极工作，限制腿脚过分的外张，以保证蹬夹方向主要向后。

升力和阻力都与速度的平方成正比，蹬夹动作的速度越快，产生的推进力就越大。因此，蹬夹时要充分发挥腿部肌肉的力量，逐渐加速。蹬夹开始时，动作应比较柔和，而最后伸直小腿和脚掌的动作则要快速有力。

（4）滑行

蹬夹结束后，腿处于较低的位置，脚距离水面30～40厘米。此时两腿伸直并拢，腰、腹、臀及腿部的肌肉保持适度紧张，使身体成流线型向前滑行，准备开始下一个腿部动作周期。滑行中，要注意保持两腿较高的位置，减少滑行时的阻力。

3. 臂部技术

蛙泳的手臂动作是推动身体前进的重要因素。游蛙泳时，整个手臂动作都是在水下完成。对于游泳者自身来说，手的划水路线近似于两个相对的"桃心形"。即两手从"桃心"的尖顶开始，不停顿地划动一周回到尖顶。为便于分析，把蛙泳的一个划水动作分为外划、下划、内划、前伸四个紧紧相连的动作阶段。

（1）外划

外划是从两臂前伸并拢、掌心向下的滑行姿势开始的。外划时两臂内旋，两手掌心转向外斜下方，略屈腕，两臂向外横向划动至两手间距离约为两倍肩宽处。外划的动作速度较慢。

（2）下划

手臂在继续外划的同时，前臂稍外旋，肘关节开始弯曲，转腕使掌心转为朝后下方，以肘关节为轴，手和前臂加速向下、向后划动。在下划的过程中，手和前臂的运动速度快、幅度大，而上臂的移动不多，前臂与上臂之间的夹角迅速缩小。下划结束时，肘关节明显高于手和前臂，手和前臂接近垂直于游进方向，肘关节弯曲约呈130°角。

（3）内划

内划是手臂划水产生推进力的主要阶段。随着下划的结束，掌心迅速转向内后方，手臂加速由外向内并稍向后横向划动，屈肘程度进一步加大，肘关节也同时向下、向后、向内收夹至胸部侧下方。两手划至胸前时几乎靠在一起。

（4）前伸

当内划接近完成时，两手在继续向内、向上划动的过程中逐渐转为向上、向前弧形运动至颔下。此时两手靠拢，两掌心逐渐转向下，手指朝前。接着，肘关节不停顿地沿平滑的弧线前移，推动两手贴近水面向前伸出。与此同时迅速低头，将头夹于两臂之间。伸臂动作完成时，两臂伸直并拢，充分伸肩，两手掌心向下，呈良好的流线型向前滑行。

游蛙泳时，手相对于静止的水的运动轨迹实际上是一条复杂的三维曲线。手在划水时并没有大幅度的向后的运动，而主要表现为明显的横向和上下方向的运动，就好像是手握着一个固定的把手将身体拉引向前。

划水阻力朝内，两臂上的划水阻力互相抵消。但由于屈腕动作，手掌平面与划动方向约成 40° 的迎角，所产生的划水升力起着推动身体前进的作用。手臂向下、向后的划动不仅为强有力的内划做好了准备，还可以产生升力、阻力并重的推进力推动身体前进。内划阶段手臂的对水面大，手掌平面与手的划动方向约呈 30° ～ 40° 的迎角，水的反作用力以划水升力为主。此时胸背部和肩带的肌群亦处于收缩发力的最有利部位，两臂的向内划动可以有很大的加速度。所以内划阶段是蛙泳手臂划水产生推进力推动身体前进的主要阶段。

蛙泳手臂划水动作的各个阶段是紧密地连接在一起的，整个动作要连贯圆滑，由慢到快，加速进行。初学者尤其应注意在内划结束转前伸时，手臂不能停顿。

4. 完整配合技术

蛙泳是臂、腿交替做动作推动身体前进的，其配合技术比较复杂，是学习蛙泳的一个难点。配合不协调，会直接影响臂、腿的动作效果和游进速度的均匀性。正常蛙泳一般采用 1∶1∶1 的配合技术，即在一个完整的动作周期中，蹬夹一次，划臂一次，呼吸一次。配合游时应在充分发挥臂、腿力量的基础上，努力做到协调、连贯、有节奏，尽量保持匀速前进。

（1）臂与腿的配合

蛙泳臂和腿的配合是一种交替进行稍有重叠的技术。两臂外划和下划时，两腿保持稍紧张的伸直姿势；两臂内划时，两腿放松，两膝下沉，开始收腿；两臂开始前伸时，迅速完成收腿并做好翻脚动作；两臂接近伸直时，开始向后快速蹬夹；蹬夹结束后，全身伸直成良好的流线型向前滑行。

对于初学者来说，注重蹬夹后的滑行具有十分重要的作用。只有在带滑行的从容游进中，才能掌握配合技术的要领，形成正确的动作节奏。初学者可以经常做长滑行计动作次数的游进练习来检验自己臂、腿动作配合的效果。

（2）呼吸与臂的配合

蛙泳的呼吸是和手臂的划水动作紧紧结合在一起的，主要有"早吸气"和"晚吸气"两种类型。

①早吸气配合技术：两臂开始外划时，颈后肌收缩，开始向上抬头，下颌前伸，使口露出水面将气吐尽；在两臂下划和内划的过程中吸气；两臂前伸时低头闭气；滑行时在水中呼气。这种呼吸方式利用了划水开始阶段手臂向外、向下划动所产生的向上的反作用力，使头部比较容易抬出水面，整个呼气和吸气的时间较长，动作比较从容。早吸气配合技术比较适合初学者采用。

②晚吸气配合技术：晚吸气配合技术没有明显的抬头和前伸下颌的动作。在两臂外划和下划时，身体仍保持较平直的流线型姿势；在两臂内划的过程中，随着头、肩的上升，

口露出水面将气吐尽；内划结束，头、肩向前上方升至最高位置时快速吸气；两臂前伸时迅速低头闭气；滑行时向水中呼气。这种呼吸方式有利于减小水的阻力，同时有利于更好地发挥手臂划水的力量，动作紧凑连贯，前进速度均匀。运动水平较高者一般都采用晚吸气配合技术。但晚吸气配合技术的吸气时间较短，初学者不容易掌握。

（二）爬泳技术教学

爬泳又叫自由泳，即自由的不受姿势限制的游泳，是四种竞技游泳中速度最快的一种泳姿，按规则要求，自由泳比赛中，可采用任何一种姿势游进。但由于爬泳时，身体俯卧在水中，身体几乎与水面平行，有较好的流线型；两腿不停地做上下打水动作，两臂依次轮流向后划水，因此推进力均匀，动作结构简单，效果好，动作配合协调，既省力又能发挥最大的速度。因此，爬泳是学生在自由泳比赛中经常采用的运动形式。

1. 身体姿势

爬泳运动中，学生的身体应平直地俯卧在水中，身体的纵轴与水平面保持 3° ~ 5° 角，头微微抬起。这种平直的姿势能缩小前进时的截面，有助于减少阻力，颈部自然后屈与水平面呈 20° ~ 30° 角，两眼注视前下方。两臂轮换前伸向后划水，两腿上下交替打水。在游进中身体可以有节奏地转动，这种转动一般为 35° ~ 45° 角。

技术要点：游进过程中身体保持平直，既不要收腹提臀，也不要挺胸塌腰。

2. 腿部动作

爬泳时，腿的动作主要起维持身体平衡的作用，使下肢抬高，保持身体流线型，以及协调两臂有力的划水动作，并能起一定的推进作用。向下打腿时，腿自然伸直，由髋关节发力，大腿带动小腿。打水时，一般两腿间的距离为 30 ~ 45 厘米。向下打水时，动作要快而有力，向上提腿时应放松一些。在向下打水时，由于惯性的作用，小腿和脚仍继续向上移动，而使膝关节有些弯曲，弯曲程度一般为 140° ~ 160° 角。打水时脚尖自然伸直，向下打水时两腿应自然向里转一些。

技术要点：学生在爬泳的打腿过程中，应以髋为轴，在向上直腿和向下屈腿时，大腿一直都处于领先，连续不断地做动作，所谓鞭状打水，即向上动作快要结束时就开始向下打水，向下打水快要结束时又开始向上打水，大腿领先，与膝关节和踝关节不停顿地形成时间差。向下打水要用较大的力量和较快的速度来完成，以便产生较大的推进力和浮力。

3. 臂部动作

爬泳的手臂动作可分为入水、抱水、划水、出水和空中移臂五个不可分割的部分，它们共同组成了一个完整的动作，彼此之间并没有明显的界限。

（1）入水动作

学生在完成空中移臂后，手应向前，自然放松地入水，臂入水时，肘关节略屈并高于手，手指自然伸直并拢，约与水面呈 45° 角，拇指领先斜插入水，动作要自然放松，按照手—前臂—上臂的顺序入水。

技术要点：注意臂的入水点应在肩的延长线上或在身体中线和肩的延长线之间。

（2）抱水动作

学生的臂入水后，手掌从向斜外下方转向斜内后方，屈腕、屈肘，并保持高抬肘姿势。抱水时，上臂和水平面约为30°角，前臂与水平面约为60°角，手掌接近垂直对水，肘关节弯曲约呈150°角，整个手臂像抱个球似的。

技术要点：抱水过程中，手肘高抬，手掌与对面垂直。

（3）划水动作

划水是指手臂与水平面呈45°角起，向后划至与水面呈15°～20°角止的这一过程。划水是获得推动力的主要阶段，这个阶段又分为两部分，从整个臂部划至肩下方与水平面垂直之前称"拉水"，过垂直面后称为"推水"。拉水时前臂的速度快于上臂，继续屈肘，当臂划至肩下方时，手在体下靠近身体中线，屈肘约为90°～120°角。整个拉水过程应保持高肘姿势，使手和前臂能更好地向后划水。在推水过程中，为了使手掌始终与水平面垂直，推水时要逐渐放松腕关节，使手伸展开与前臂构成一个200°～220°的角。向后推水是通过由屈臂到伸臂来完成的，为了使前臂、手掌能以最大面积对水，在推水中肘关节要向上，向体侧靠近。

技术要点：整个划水动作过程中，即从拉水到推水的过程中应保持动作连贯、快速，中间没有停顿。整个划水动作，手的轨迹是向下—向后—向上，划水路线呈"S"形。

（4）出水动作

划水结束后，借助推水后的速度惯性，利用肩三角肌、肩带肌的收缩及身体沿纵轴的转动，将肘部向上方提起，并迅速将臂部提出水面。

技术要点：出水时，放松臂部和手腕。

（5）空中移臂动作

臂出水后，在肩的转动下，带动整个手臂向前移动，移臂时仍保持高肘屈臂的姿势。整个移臂的前半部分肘关节领先，前臂和手的动作较慢，移臂完成一半时，手和前臂赶上肘部，并逐渐向前伸出，掌心也从后上方转向前下方，做好入水准备动作。

技术要点：移臂是出水的继续，两个动作应保持连贯、不能停顿，移臂时动作应放松自如，尽量不破坏身体的流线型；移动的手臂应和另一臂的划水动作协调一致。

4. 完整配合技术

（1）两臂配合

爬泳两臂协调配合，是前进速度均匀性的重要条件。两臂配合，通常有前交叉、中交叉和后交叉三种方法。首先，前交叉是指一臂入水时，另一臂处在滑下阶段；其次，中交叉是指一臂入水时，另一臂已经进入划水阶段的中间部分；最后，后交叉是指一臂入水时，另一臂已经进入划水阶段的后半部分。中交叉和后交叉有利于发挥两臂力量和提高动作频率，加快速度，保持连续的推进力。

技术要点：上述三种配合形式都有其各自的特点，初学者应采用前交叉，以便其掌握正确的爬泳动作和呼吸方法。

（2）呼吸与臂部动作的配合

爬泳运动中，学生的呼吸是利用头向左侧或右侧的转动，用嘴进行呼吸的。如以向右呼吸为例：右手入水以后，嘴和鼻开始慢慢地呼气；右臂划至肩下向右侧转头，呼气量开始增加；当右臂划水即将结束时，呼气量进一步加大；右臂出水时，马上张嘴吸气；移臂到一半时，吸气结束，闭气，继续转头和移臂，脸部转向前下方。头部姿势稳定时，右臂又入水开始下一次呼吸。如此反复循环进行呼吸。

技术要点：如果学生对呼吸与臂部动作的配合技术尚未熟练，可以多划几次臂吸一次气。而具有一定水平的学生游泳时则可以视游距长短和训练水平而定，长距离多为两划一吸或三划一吸，短距离可多划几次臂吸一次气。

（3）呼吸和完整动作的配合

完整的配合技术是游泳学生匀速地、不间断地向前游进的保证。爬泳腿、臂、呼吸的配合动作，一般采用两臂各划水一次、呼吸一次和打腿六次的配合方法。为了充分发挥手臂作用，提高游进速度，也有采用两臂各划水一次、呼吸一次和打腿四次的配合方法。

技术要点：在配合中，呼吸和腿的动作都应该服从于手臂动作的需要。初学者应首先抓好臂腿配合，再加呼吸配合，而不宜过早强调呼吸。

（三）仰泳技术教学

仰泳又被称为背泳，是人体仰卧在水中进行游泳的一种姿势，同爬泳一样属于交替性动作。人们在蛙泳或踩水的过程中，发现只要将身体仰卧过来，臂腿稍微做动作就可以游动，脸部还能露出水面，最后发展为两腿上下交替踢水，两臂在体侧轮流向后划水的爬式仰泳技术。仰泳的最大优点就是游泳者的脸一直露在水面上，不存在呼吸和换气的问题，并且动作非常容易掌握，因此多数人都很喜欢这种游泳的姿势。但这种泳姿在游泳方向的掌握上需要花费较多的时间和精力去学习。

1. 身体姿势

学生在仰泳过程中身体要自然伸展，接近水平地仰卧于水面，头和肩部略高于臀，水齐耳际，脸部露在水面上，身体尽可能处于高的位置，腹部和两腿在水面下 5 ~ 10 厘米处，游进时身体应随划水和打腿动作绕纵轴自然且有节奏地转动，转动的角度在 45° 左右。

技术要点：仰泳过程中应注意以下三个方面。首先，头部应尽量保持不动。在仰泳进行时，头起到了"舵"的作用，并且它还可以控制身体左右转动。头应保持相对稳定，不要上下、左右晃动，但颈部肌肉不要过分紧张，后脑处在水中，水位在耳际附近，两眼看腿部的上方。其次，腰部肌肉要保持适度的紧张，以不至于使身体过分平直和屈髋成坐卧姿势为前提。肋上提，不要含胸。快速游进时，身体的迎角能使体位升高，一些水平较高的学生不仅可以使肩和胸部露出水面，而且还可以使腹部也经常露出水面。最后，身体的纵轴应随着两臂的划水动作而自然滚动，滚动的角度根据个人的情况不同而稍有差别，肩关节灵活性较差的人滚动小，肩关节灵活性较好的人滚动大。

2. 腿部技术

良好的腿部动作是使学生在仰泳过程中保持身体处于较好角度、水平姿势的重要因素之一，正确的踢水动作不但可以控制身体的摆动，还能产生一定的推进力。仰泳运动中，腿部动作可以分为以下两个部分。

（1）下压阶段

仰泳的腿部动作中的下压动作即直腿下压。腿向下压的动作是借助于臀部肌群的收缩来完成的。在整个腿下压动作中，前2/3由于水的阻力，膝关节充分展开，腿部肌肉放松。当大腿下压到一定程度时，由于腹肌和腰肌的控制，停止向下而过渡到向上移动，由于惯性的作用，小腿仍然继续向下，造成膝关节弯曲，所以在腿下压的后1/3是屈腿的。随着惯性的逐渐减弱和大腿的带动，小腿也开始向上移动，但此时脚仍然继续向下，直到惯性消失，大腿、小腿和脚一次性结束向下的动作，构成向下"鞭打"的动作。

（2）上踢阶段

仰泳的腿部动作中的上踢动作即屈腿上踢，腿的上踢动作需要用较大的力量和速度来进行，并且逐渐加大到最大力量和速度。当大腿向上移动超过水平面时就结束向上的动作，此时膝关节接近水面。随后小腿和脚也依次结束向上，使膝关节充分伸展，构成向上"鞭打"的动作。

技术要点：首先，由于下压的动作不产生推进力，因此相对的要求速度不要太快，腿部各关节自然放松。当下压动作结束时，由于水对小腿的阻力和大腿肌肉的牵制，大腿与小腿呈135°～140°角，小腿与水平面呈40°～45°角，此时大小腿弯曲到最大程度，小腿和脚对水的面积较大。其次，上踢动作是以大腿带动小腿、小腿带动脚来完成的，并且在任何情况下，尽量不要使膝关节或脚尖露出水面。上踢时，脚尖应内旋以加大对水面积。

3. 臂部技术

和爬泳的摆臂一样，仰泳臂的划水动作也是由入水、抱水、划水、出水和空中移臂五部分组成的，两臂的屈臂划水也是相互交替进行的；不同的是仰泳划臂在人的体侧进行，如同划船时交替划水的桨。

（1）入水动作

入水时，手臂伸直，掌心朝外，小拇指领先入水，手稍内收，与小臂呈150°～160°角。入水点一般在肩的延长线与身体纵轴之间。

技术要点：臂入水的同时应展胸伸肩。

（2）抱水动作

抱水动作是为接下来的推水动作创造有利条件的。手臂入水后，要利用移臂时所产生的动量积极下滑到一定的深度，手掌向下，向侧移动，通过伸肩、屈肘、上臂内旋和屈腕的动作，配合身体的滚动，使手掌和前臂对准水并有压力的感觉。

技术要点：完成抱水动作的即刻，肘部微屈呈150°～160°角，手掌距水面30～40厘米，肩保持较高的位置，以便为接下来的推水动作做好准备。

（3）划水动作

划水动作是推动身体前进的主要动力。划水动作包含拉水和推水两个阶段。

拉水阶段：拉水是在臂前伸抱水的基础上进行的。开始时前臂内旋，手掌上移，肘部下降，使屈肘程度加大，手掌和水必要保持与前进方向垂直。当手掌划至肩侧时屈臂程度最大，为 70° ～ 110° 角，手掌接近水面。

推水阶段：推水是在手臂划过肩侧时开始的，这时肘关节和大臂应逐渐向身体靠近，同时用力向脚的方向推水。当推水即将结束时，小臂内旋做加速转腕下压的动作，掌心由向后转向向下。推水结束时，手臂要伸直，手掌在大腿侧下方，借助于手掌压水的反弹力迅速提臂出水。

技术要点：整个划水动作是由屈臂抱水开始的，以肩为中心，划至大腿外侧下方为止。

（4）出水动作

仰泳出水动作的手形有很多种，常见的主要有以下三种：即手背先出水；大拇指先出水；小拇指先出水。这三种手形各有利弊，相对来说最后一种较好。

技术要点：无论采用哪种手形出水，都要注意使手臂自然、放松和迅速，并且要先压水后提肩，肩部露出水面后，由肩带动大臂、小臂和手依次出水。

（5）空中移臂动作

提臂出水后，手应迅速从大腿外侧垂直于水面移至肩前。当手臂移至肩上方时，手掌内旋，使掌心向外翻转。

技术要点：空中移臂时，臂伸直放松。移臂的后阶段要注意肩关节充分伸展，为入水和划水做好准备。

4. 完整配合技术

（1）两臂配合

仰泳两臂的配合是"连接式"的，即当一臂划水结束时，另一臂已入水并开始划水；一臂处于划水的一半，另一臂正处于移臂的一半。

技术要点：在整个臂的动作过程中，两臂应几乎处在完全相反的位置。

（2）臂和呼吸的配合

仰泳的呼吸比较简单，一般是 2 次划水 1 次呼吸，即一臂移臂时开始吸气，然后做短暂的憋气，当另一臂移臂时进行呼气。在高速游进时也可以 1 次划水 1 次呼吸，但是呼吸不能过于频繁，否则会使呼吸不充分，造成动作紊乱。

技术要点：呼吸要有节奏，使肺部呼吸正常，不易产生疲劳。

（3）臂、腿配合

臂、腿配合是否合理，影响到整个动作是否平衡和协调自然。现代仰泳技术中一般都采用 6 次打腿 2 次划水的配合技术，也有少数人采用 4 次打腿的技术。

技术要点：臂划水的同时，避免腿的上踢、下压动作造成身体的过分转动，以保持身体的平衡性和协调性。

（四）蝶泳技术教学

蝶泳运动是从蛙泳运动逐渐演变而来的一种游泳姿式，最初腿部动作模仿蛙泳的蹬夹水，两臂对称由前往后划出水面经空中前摆，动作近似蝴蝶飞行，故称蝶泳。由于它腿部的游泳动作酷似海豚，所以又称为"海豚泳"。蝶泳技术是所有游泳姿势中最复杂的，对游泳者的身体素质要求较高。

1. 身体姿势

蝶泳时，头和躯干不断地在水平面上下移动，这种身体的上下起伏是自然形成的。但身体姿势力求稳定，身体有节奏地起伏，为臂和腿部的动作提供有利的条件。

2. 躯干和腿的动作

蝶泳打腿是由腰部发力，大腿带动小腿做有节奏的上下鞭状打腿动作，整个动作是和躯干联系在一起的。打水时两腿自然并拢，当两腿向下打腿结束后，两脚向下达到最低点，膝关节伸直，臀部上升至水面；然后两腿伸直向上移动，髋关节逐渐展开，臀部下沉；当两脚继续向上时，大腿开始下压，膝关节随大腿下压而自然弯曲，大腿继续加速向下；随着屈膝程度的增加，脚向上抬到最高点，臀部下降到最低点，准备向下打水；脚向下打水时，脚背要保持正对水面，踝关节必须放松伸直；当小腿随着大腿加速下压时，大腿又开始向上移动，等膝关节完全伸直时，向下打水即告结束。

3. 手臂动作

蝶泳手臂动作是两臂同时对称进行的，包括入水、抱水、划水、出水和空中移臂五个部分。

（1）入水

两臂经空中移臂后在肩前插入水中，入水时两手距离略与肩同宽，掌心向两侧，手指向下，手、前臂、上臂依次入水。

（2）抱水

手臂入水后，手和前臂向外旋转，手臂同时向外、向后和向下运动，手臂有支撑住水的感觉，像是用手去抱一个大圆球。同时开始屈肘、屈腕，为下个阶段的划水做好准备。

（3）划水

在臂进入划水阶段后，前臂和手掌是划水的主要对水面。屈肘，使肘部保持较高的位置。前臂外旋动作和逐步加大屈臂的动作是同时进行的，当两臂划至肩下方时，前臂与上臂呈90°～100°角。当两手划至腹下时，两手距离最近（几乎碰到一起），然后转入推水动作。

（4）出水

随着臂推水的结束，手臂充分推直，然后借助其惯性提肘，迅速将两臂和手提出水面。

（5）移动臂部

两臂提出水面后，即沿身体两侧低平的抛物线向外、向前抢摆。两臂在向外、向前抢摆的过程中自然伸直，并始终保持拇指朝下的姿势。当摆过肩的横切面时，两臂向内、向前移动。此时肘关节微屈并稍高于手，掌心转为朝外斜下方，准备入水。

4. 呼吸与臂、腿的配合技术

（1）臂与呼吸的配合

蝶泳的呼吸借助于两臂划水的后部推水动作，同时需后部肌肉大幅度伸展，使头抬至口露出水面的位置时吸气。吸气的速度要快，头必须在臂入水前回到原来的位置，慢呼气或者稍憋气后呼气。

蝶泳的呼吸一般是 1 次划水 1 次呼吸，但是为了加快游进的速度，也可在采用 2 次以上的划水动作之后，再做 1 次呼吸的技术。

（2）完整配合技术

蝶泳臂、腿、呼吸的配合比例一般为 1：2：1，即 1 次手臂动作，2 次腿的动作，呼吸 1 次。在某些情况下，也有做 N 次（N＞1）臂、腿配合再做 1 次呼吸的技术。2 次打腿的力量一般是第一次轻、第二次重。

完整的配合技术是两臂入水时做第一次向下打腿，臂抱水时腿向上，当两臂划至腹部下方时，开始做第二次向下打水的动作，并且抬头吸气。推水结束时打腿也结束。移臂时腿又向上准备做下一周期的打腿动作；移臂的前部，头部还处于水面，移臂过身体的横轴时低头。

第四节　健美操运动实践指导

一、健美操运动的基本概况

健美操是有氧运动的一种，健美操是一项融体操、舞蹈、音乐、美学为一体的运动，主要通过徒手、持轻器械和用专门器械而进行的操化练习，不受年龄、性别、场地的限制，是一项内容丰富，简单易学，变化多样，能达到健身、健心目的的新型体育项目。其运动特征是持续一定时间的、中低程度的全身性运动，主要影响练习者的心肺功能，是有氧耐力素质的基础。

随着人民生活水平的不断提高，健美操所特有的保健、医疗、健身、健美、娱乐的实用价值受到越来越多的人的重视，吸引了不同年龄的爱好者参与，形成了一定规模的消费群体。各级电视台纷纷制作以健美操竞赛、普及为内容的专题节目，其收视频率远远超过其他节目。由于健美操比赛可在体育馆和舞台上举行，加之健美操运动场地运用集中的特点，给企业结合比赛进行广告宣传创造了机会。

近年来，随着全球健身热的兴起和娱乐、休闲体育的发展，健美操以其自身固有的价值和魅力，风靡世界，深受广大群众的喜爱。我国开展该项目要晚于欧美，但发展势头也十分强劲。

二、健美操运动技术教学指导

（一）健美操基本动作教学

1.健美操的手型

（1）合掌，五指并拢伸直。

（2）西班牙舞手势。五指用力，小指、无名指、中指自掌指关节处依次弯曲，拇指稍内扣。

（3）分掌，五指用力分开，手腕保持一定的紧张程度。

（4）芭蕾手势，五指微屈，后三指并拢，稍内收，拇指内扣。

（5）拳，五指弯曲紧握，大拇指压在食指弯曲部位。

（6）一指式，握拳，食指伸直或拇指伸直。

（7）推掌，手掌用力上翘，五指自然弯曲。

（8）响指，拇指与中指摩擦与食指打响，无名指、小指弯曲至握。

2.头、颈部动作

（1）屈

动作描述：头部向前、后、左、右4个方向分别做颈部关节弯曲的运动。

注意要点：身体正直，做动作时应缓慢，充分伸展颈部肌肉。

动作变化：前屈、后屈、左侧屈、右侧屈。

（2）转

动作描述：头保持正直，然后头颈部沿身体垂直轴向左、右转动90°。

注意要点：下颌平稳地左右转动。

动作变化：左转、右转。

（3）环绕

动作描述：头保持正直，然后头颈部沿身体垂直轴向左或右转动360°。

注意要点：转动时头部要匀速缓慢，不要过快。动作要到位，向后转时头要后仰。

动作变化：左环绕或右环绕，前后两个动作一致，方向相反。

3.肩部动作

（1）提肩

动作描述：脚开立，身体保持正直，然后肩部沿身体垂直轴向上提起。

注意要点：尽可能向上提起，提肩时，身体不能摆动。

动作变化：单提肩、双提肩。

（2）沉肩

动作描述：脚开立，身体保持正直，然后肩部沿身体垂直轴向下沉落。

注意要点：尽可能向下沉落，沉肩时，身体不能摆动，头尽量往上伸展。

动作变化：双肩下沉。

（3）绕肩

动作描述：脚开立，身体保持正直，然后肩部沿身体前、后、上、下四个方向进行绕动。

注意要点：绕肩时，身体不要摆动，动作尽量的大，要舒展开。

动作变化：单肩环绕、双肩环绕。

4.上肢动作

（1）举

动作描述：以肩关节为中心，手臂进行活动。

注意要点：动作到位，有力度。

动作变化：前举、后举、侧举、侧上举、侧下举、上举。

（2）屈

动作描述：屈是肘关节由弯曲到伸直或由伸直到弯曲的动作。

注意要点：关节做有弹性的屈伸。

动作变化：胸前平屈、肩侧屈、肩侧上屈、肩侧下屈、胸前上屈、头后屈。

5.躯干动作

（1）胸部动作

①移胸

动作描述：髋部位置固定，腰腹随胸部左右移动。

注意要点：移胸时，腰腹带动胸部移动；动作要尽量大。

动作变化：左右移胸。

②含胸、挺胸

动作描述：含胸，低头收腹，收肩，形成背弓，呼气；挺胸，抬头挺胸，展肩，吸气。

注意要点：含胸时身体放松，但不松懈；挺胸时，身体紧张但不僵硬。

动作变化：手臂胸前平屈含胸，手臂侧平举展胸。

（2）腰部动作

①屈

动作描述：腰部向前或向侧做拉伸运动。

注意要点：充分伸展，运动速度不宜过快。

动作变化：前屈、后屈、侧屈。

②转

动作描述：腰部带动身体沿垂直轴左右转动。

注意要点：身体保持紧张，腰部灵活转动。

动作变化：迈步移动重心与转腰运动结合。

③绕和环绕

动作描述：腰部做弧线或圆周运动。

注意要点：路线清晰、动作圆滑。

动作变化：与手臂动作相结合进行腰部绕和环绕。

（3）髋部动作

①顶髋

动作描述：两腿开立，一腿支撑并伸直、另一腿屈膝内扣。

注意要点：动作用力且有节奏感。

动作变化：双手叉腰顶髋，左顶。

②提髋

动作描述：髋向上提。

注意要点：髋与腿部协调向上。

动作变化：左提、右提。

③绕和环绕

动作描述：髋做弧线或圆周运动。

注意要点：运动轨迹要圆滑。

动作变化：左、右方向进行绕和环绕动作。

6. 下肢动作

（1）立

①直立、开立

动作描述：身体直立，再双腿打开，做开立动作。

注意要点：直立时身体要抬头挺胸；开立时，脚的间距约与肩相等。

动作变化：先直立，再伸出一条腿做点立或双腿提起做提踵立。动作要舒展。

②侧点立、前点立、后点立、提踵立

动作描述：直立后，大步迈出一腿，做屈动作。

注意要点：步子迈出不能太小，当然也不能太大。

动作变化：前弓步、侧弓步、后弓步。

（2）踢

动作描述：双腿交换做踢腿动作。

注意要点：动作干净利落。

动作变化：前踢、侧踢、后踢。

（3）弹

动作描述：双腿进行弹动动作。

注意要点：双腿弹动要有弹性。

动作变化：正弹腿、侧弹腿。

（4）跳

动作描述：做各种姿势进行腿部练习。

注意要点：跳的时候要有力度和弹性。

动作变化：并腿跳、开并腿跳、踢腿跳。

（二）健美操组合动作教学

1. 髋部动作组合

髋部动作组合是由健美操的基本动作之一的髋部动作，配以健美操手臂的特色动作组合而成，主要是躯干和上肢运动，包括左右顶髋、臂屈伸及挥摆等。

动作特点：短小（共 3×8 拍），便于记忆，学习后可有充分时间反复练习，可通过变换方向重复练习。

音乐选择：旋律清晰、节奏感强的迪斯科音乐，速度为 24 拍 /10 秒。

动作要领：原地顶髋是健美操髋部动作中最基本的一种。开立后左（右）腿屈膝内扣，同时向右（左）顶髋，上体保持正直。

动作要求：髋部动作幅度大，节奏感强；上肢动作到位，有力度，与髋部动作配合协调。

2. 跳步动作组合

丰富多彩、富有弹性的跳跃动作是健美操的特色之一。这套跳跃动作组合共 6 个 8 拍，是由健美操的几种主要的跳步，配以规范有力的上肢动作组合而成。

由于这套组合是在快速跑跳中不断变化上肢动作和身体方向，因此除有益于发展下肢力量外，还有助于提高动作的协调性。

音乐选择：节奏感强的音乐，速度为 26 拍 /10 秒。

动作要求：跳跃轻快，富有弹性；上肢动作到位，有力度；整套动作连贯，节奏准确，富有表现力。

第七章 高校球类运动实践指导

第一节 篮球运动实践指导

一、篮球运动的基本概况

初期的篮球活动，简易而有趣，可以因人、因地、因时、因需而异，也可以变换各种方式组织丰富多彩的活动，参与方便而且容易吸引人们参与，达到娱乐身心、健身强体、丰富生活的目的。篮球运动不仅具有激烈、刺激的竞技性，还具有符合全民健身运动的健身性。它已成为当今人们健身的一大球类运动项目。

对于篮球项目而言，快速多变是灵魂，技术对抗是手段，速度力量是保障，投篮得分是目的。速度是竞技运动的生命，是篮球运动进攻、防守、防守反击、攻防转换的关键。有速度才有可能捕捉到有利时机、有利位置、摆脱防守、抢断成功、控球得分。经常参加篮球运动有助于人们增强体质、愉悦身心，对参与人的综合能力起到积极的影响。

二、篮球运动技术教学指导

（一）传接球技术

1. 传球技术

（1）双手胸前传球

两手手指自然分开，拇指相对成八字形，用指根以上部位持球，手心空出。两肘自然弯曲于体侧，将球置于胸腹之间的部位，身体成基本站立姿势。传球时，在后脚蹬地、身体重心前移的同时前臂迅速向传球方向伸出，拇指用力下压，手腕前屈，食指和中指用力拨球将球传出。

（2）单手肩上传球

双手持球于胸前，两脚平行而立，传球时（以右手传球为例），左脚向传球方向迈出半步，右手托球，同时将球引到右肩上方，肘部外展，上臂与地面近似平行，手腕后仰。左肩对着传球方向，重心落在右脚上，右脚蹬地，转体，右前臂迅速向前挥摆，手腕前屈，通过食指、中指拨球将球传出。球出手后，右脚随着身体重心前移而向前迈出半步，保持基本站立姿势。

2. 接球技术

（1）双手接球

双手接球时，两眼注视来球，两臂伸出迎球，手指自然分开，两拇指呈"八"字形，手指向前上方，两手呈一个半圆形。当手指触球后，两臂随球后引缓冲来球的力量，两手握球于胸腹之间。

（2）单手接球

如用右手接球，则右脚向来球方向迈出，两眼注视着来球。接球时，手掌成勺形，手指自然分开，右臂向来球的方向伸去。当手指触球时，手臂顺势将球向后下引，左手立即握球，双手将球握于胸腹之间，保持基本持球姿势。

（二）运球技术

1. 高运球

高运球时两腿微屈，上体稍前倾，眼平视，以肘关节为轴，前臂自然伸屈，用手腕、手指柔和而有力地按拍球的后上方。球的落点控制在运球的手臂的同侧脚的外侧前方，使球的反弹高度于胸腹之间。

2. 低运球

运球时，两腿应迅速弯曲，重心下降，上体前倾，球的落点在体侧，用上体和腿保护球，同时，用手腕和手指短促地按拍球的后上方，使球控制在膝关节的高度。

（三）持球突破技术

1. 交叉步突破

以右脚作为中枢脚为例。两脚左右开立，两膝微屈，身体重心降低，持球于胸腹之间；突破时，左脚向左前方跨出，假装做向左侧突破，当对手重心向左偏移时，右脚前掌内侧迅速蹬地，上体向右转体探肩，左肩向前下压，重心向右前方移动，左脚迅速向右侧前方跨出，同时将球移于右侧，推放球于左脚外侧，右脚用力蹬地向前跨出，迅速超越对手。

2. 顺步突破

以左脚做中枢脚为例。准备姿势和突破前的动作要求与交叉步突破相同。突破时，假做投篮，当对手重心前移时，右脚迅速向前方跨出一步，上体向右脚外侧偏前方，左脚前脚掌迅速蹬地，向前方跨出运球突破防守。

3. 行进间突破

在快速移动中看到同伴传来的球时，应快速向来球方向伸臂迎球，同时用一脚（侧向移动时用异侧脚）蹬地，两脚稍离地腾起，向侧方或前方跃出接球，形成与防守队员的位置差，两脚先后或同时落地。落地后，屈膝降重心，保持身体平衡并注意保护好球。根据防守队员的位置和具体情况，快速选择交叉步或同侧步突破。

（四）投篮技术

1.原地单手肩上投篮

以右手投篮为例。两脚开立，两膝微屈，身体重心在两脚之间，上体稍前倾，右手翻腕托球于右肩前上方，手指自然张开呈球状，手心不要贴球，球的重心要落在中指和食指之间，左手帮助扶在球的侧下部，右肘自然下垂，腕关节放松；下肢蹬地的同时，右臂向前上方伸展，手腕向前扣动，手指拨球，将球柔和地送出。球出手后，手腕放松，手指自然向下。

2.行进间单手肩上投篮

跑动中右脚跨步时接球，左脚跨步迅速蹬地起跳，右腿屈膝上抬，同时举球至右肩上，腾空后当身体接近最高点时，右臂向前上方伸出，手腕前翻，食、中指拨球，通过指端将球投出。投篮出手后，两脚同时落地，两腿弯曲，以缓冲落地的力量。

（五）防守技术

1.防无球队员

（1）防接球

防接球是防守对手无球时的首要任务，必须在对手接球前就开始防守，要有预测性并积极采取行动去限制或减少对手接球，特别是在有效攻击区内接球。即便是在处于被动的情况下，也要积极跟防、追堵，破坏对手顺利地接球，使其不能立即采取攻击行动，以利自己调整位置。要始终保持对手和球在自己的视线范围之内，要做到人球兼顾，保持良好的防守姿势，屈膝降低身体重心，以便应变起动，要特别注意起动与移动步法的衔接和平衡的控制。在动态中要使自己处于"球—我—他"的有利位置上，同时伸出同侧手臂挡在传向自己对手的来球路线上，另一手臂要伸向对手可能切入的方向。在常规情况下，仍要形成"球—我—他"钝角三角形。防接球时，丝毫不能放松对其摆脱或切入的警惕。

（2）防切入

防切入是指对进攻队员企图切入或已摆脱切入的防守。防切入最忌的是看球不看人，一定要坚持"人球兼顾、防人为主"的原则，一旦对手有所行动，必须采取个步堵截、凶狠顶挤、抢前等防守方法，使其不能及时起动或降低其速度。如果对手迎球方向切入，则主动堵前防守，背对球方向则防其后，目的都是切断对手接球路线。对手切入后只要没有获球，其威胁会大大降低。关于溜底线的切入，有两种跟防方法：一是背向球，面向对手、观其眼神，封阻其接球；另一种是用后转身，面向球，背靠防守用手触摸，紧贴其身跟随移动。防反切则以后脚为轴快速向内侧转身，快速堵逼，抢占近球内侧位置，不让对手接球，并准备断球和打球。

（3）防摆脱

防摆脱是指对无球进攻队员摆脱的限制和封堵。一般来讲，进攻队员在后场的摆脱，主要是快下接球攻击，防守队员必须积极追防，并注意传向自己对手的球，抢在近球侧的路线上准备堵截。比赛时要想完全控制进攻队员无球时的行动是很困难的，主要是不能失去防守队员有利的位置。如阵地进攻时，对手采取先下后上、先左后右的摆脱，即便是对手接到球，但还可以继续进行防守；内线队员向外移动，可以采取错位防守或利用绕步、攻击步抢前防守，近球一侧手臂干扰其接球，另一手臂则应伸出，防止其转身、背切等行动，关键在于不让其抢占有利位置，尽可能封堵接球路线，不让其轻易接到球。

2. 防守有球队员

（1）防传球

持球队员离球篮较远时，其主要的传球意图是向中锋供球和转移球。防守时要根据其位置和视线，判断其传球意图，控制其进攻性的传球。对手离篮较近时，主要防其突然传（分）球，应注意对手的眼神和假动作——往往是眼向上看，球向下传；眼向右看，球向左传等。防守队员要精神集中，随球动而采取打、封、阻动作。打球时以肘关节为轴，前臂上下、左右迅速屈伸。必要时配合脚的动作，用抢、打、断球破坏其传球。

（2）防运球

在一般情况下，为了不让对手运球超越自己，防守队员应与对手保持一臂左右的距离，两臂侧下张，两腿弯曲，在积极移动中保持正确的防守姿势，准确判断，随时准备抢、打球。如果要使防守具有攻击性，也可以采用贴近对手的平步防御，以扩大防守范围，增加对手做动作的难度。防守持球队员要根据对手的特点和本队的策略，采用不同的防守方法和策略，如为了达到一定的战术目的，可采用放其一侧，堵中放边的策略，诱使对方向边线运球，然后迫使其停止运球，形成夹击防守。

（3）防投篮

防对手中距离投篮时，应站在对手与球篮之间贴近对手的位置上，两脚前后斜立，屈膝直腰，前脚同侧手伸向对手瞄篮的球，并积极挥动，干扰和影响其投篮，重心略偏前脚，并稍微提踵，脚下要不停地前后碎步移动。另一臂侧张，以防其传球和保持自身平衡，以便随时变换防守动作。如果防守队员距离对手较远，应在对手接到球的同时，迅速移动到适当距离的位置上；如果对手已接到球，而防守队员的距离较远，防守队员就应积极挥摆前伸的手，同时积极移动脚步，逐渐接近对手，防止其接球后立即投篮。防守队员向前移动时切忌步幅太猛和过大，以免失去身体平衡，使对手获得突破的机会。如果投篮队员进行投篮时防守队员上步不及时，则应随对手的出球动作，迅速顺势起跳，单臂上伸封盖，影响其投篮的方向和出手的角度。

（4）防突破

防突破的位置和距离的选择，应根据持球的对手离球篮的远近和对手的特点而定。对手距球篮远，又善于突破时，防守队员应以防突破为主，抢占持球队员与球篮之间贴近对手的位置，做好防守姿势。如持球队员由投篮变为向防守队员左侧突破时，防守队员的前脚应迅速用前脚掌内侧用力蹬地，撤步并迅速向左侧斜后方滑步，阻截其突破路线；如进攻队员变投篮向防守队员右侧突破（交叉步突破），防守队员应迅速蹬地向右侧斜后方做后撤步，并伴随对手做横滑步，阻截其突破路线，使其被迫改变动作方式和动作方向。

第二节　排球运动实践指导

一、排球运动的基本概况

排球是一项深受广大群众喜爱的体育活动，是两队各 6 名队员在长 18 米、宽 9 米的场地上，从中间隔开的球网（男子网高 2.43 米、女子网高 2.24 米）上方，根据规则运用各种击球技术，进行集体的攻防对抗，不使球在本方场内落地的一种球类运动。

排球运动在我国是一项开展得比较普遍的球类运动，由于排球规则容易掌握，场地设备要求不高，并且运动量和运动负荷便于调整，因此，它适合不同年龄、不同性别的群体。同时排球运动能促进身体的全面发展，增进内脏器官的功能，提高弹跳、灵敏、耐力、速度、力量等身体素质以及反应能力。在培养人们团结奋斗的集体主义精神、精确快速的判断能力以及勇敢、顽强、坚韧等意志和品质上也有着突出的作用。

二、排球运动技术教学指导

（一）发球技术

1. 正面上手发球

面对球网，两脚自然开立，左脚在前，左手持球于体前。用抬臂和手掌的平托上送，将球平稳地垂直抛于右肩的前上方，高度适中。在抛球的同时，右臂抬起，做屈肘后引的姿势，挺胸，抬头，肘与肩平行，上体稍向右侧转，注意球下落的时机。利用蹬地转体和迅速收腹的动作来带动手臂自然有力地快速挥出，其身体重心自然向前移至左脚，用全掌击球的中下部，同时手腕应有向下推压的动作，使球成上旋的运动形式飞行。击球时，手指自然张开吻合球。击球后，随着重心前倾，迅速落位参加比赛。

2. 正面下手发球

面对球网，两脚前后开立，略同肩宽，左脚在前，两膝微屈，上体稍前倾，重心偏向于后脚，左手持球放于腹前。左手将球轻轻抛起在体前右侧，抛向约离身体正前方的 40 厘米处，高度离手 20 厘米。在抛球之前，右臂伸直，以肩为轴摆向身体的右侧后下方。借右脚蹬地力量，身体重心随着右手向前摆动击球而移至前脚上。在腹前以全手掌击球的后方。随着击球动作重心前移，迅速入场。

3. 跳发球

站位于距端线 3 ~ 4 米处，单手或双手向前上方将球抛起，一般抛至离地面高 3.5 ~ 4 米，落点在端线附近，随着抛球离手向前助跑跳起。起跳时两臂要协调摆动，摆幅要大。击球时利用收腹和转体动作带动手臂挥动。击球点保持在右肩前上方，手臂伸直，利用全手掌击球的中下部，且有推压动作，使球呈上旋飞行。击球后，双膝缓冲，双脚落地，迅速入场。

（二）传球技术

1. 正面双手传球

采用稍蹲准备姿势，上体稍挺起，仰头看球，两手自然抬起，屈肘，放松置于额前。当来球接近额前时，开始蹬地、伸膝、伸臂，手指微张从脸前向前上方迎出。全身各部位动作应协调一致。击球点在额前上方约一球距离处。在迎球动作的基础上，当手和球即将接触前，手腕和手指要有前屈迎球的动作，当手和球接触时，各大关节应继续伸展，最后用手指手腕的弹力将球击出。

2. 背传

身体的背面正对着传球的目标，上体保持正直或稍微后仰，把球垫向目标为背向传球。球来时，头稍后仰并挺胸，上体向后上方伸展的同时配合下肢蹬地。击球时，手腕适当后仰，使掌心向后上方，击球的底部，利用蹬地、送髋、抬臂、送肘、手指、手腕主动向上方的力量将球向后上方传出。

3. 跳传

根据传球的高低，及时起跳，手放在脸前，当身体上升到最高点时，靠伸臂动作和手指手腕的弹击力量将球传出。由于在空中无支撑点，用不上蹬地的力量，只有靠伸臂动作将球传出，因此必须在身体下降前传球出手，才能控制传球力量。

（三）垫球技术

1. 正面双手垫球

看清来球的落点后，迅速移动到位，对准来球，呈半蹲准备姿势站立。两手抱拳互握，两拇指平行朝前。两臂自然伸直，两臂稍外展靠拢，手腕下压，手腕关节以上的前臂形成一个点击的平面。身体对准来球后，手臂迅速插入球下，击球时，蹬腿提腰，重心随之前移，同时靠两臂相夹，含胸收肩、压腕抬臂等动作的密切配合，将球准确地垫在小臂上。在垫击的一瞬间，两臂要保持平稳固定。击球时，身体和两臂要有自然的随球伴送动作，以便控制球的落点和方向。通常在来球与腹前约一臂距离时，两臂加紧前冲，插入球下，使击球点保持在腹前，用前臂腕关节以上 10 厘米左右梯骨内侧平面触球为宜，将球垫出如来球的力量小或垫击的球距离远，垫击必须加上抬臂动作，给球以反击力；如来球的力量大或垫出的球距离近，则只需轻轻一垫，靠反弹力垫起；有时来球力量很大，为了缓冲来球的力量，手臂还需顺势后撤，加上含胸收腹的协调力，使球得到缓冲后垫出。一般来说，垫球的用力大小与来球的力量成反比关系，与垫出球的距离成正比。要根据来球的角度和要求垫出的方向，运用入射角近似于反射角的原理，调整手臂与地面的角度和左右转动手臂平面来控制垫球方向。来球弧度较平要求垫出的球弧度平时，手臂角度应大，反之，手臂角度应小。

2. 体侧垫球

来球飞向体侧，来不及移动对准来球时，可用双臂在体侧进行垫击。当球向左侧飞来，右脚前脚掌内侧蹬地左脚向左跨出一步，重心随即移至左脚上，左膝弯曲，同时两臂夹紧向左侧伸出，右肩微向下倾斜，向右转腰和收两前臂垫击球的后下部。切忌随球向左侧摆臂击球，这样会造成球飞向侧方。

3. 背垫球

背向垫球时，要判断好球飞行方向，迅速移动到球的落点上，背对出球方向（要清楚地了解方位和距离），两臂夹紧伸直，击球点最好高于肩。击球时要抬头挺胸，展腹后仰，直臂向上方摆动抬头。

4. 单手垫球

当来球低、球速快、在体侧距离远来不及用双手垫球时，可以单手垫球。来球在右侧远处时，迅速移动接近球，最后右脚跨出一大步，上体向右倾斜，右臂伸直自右后方向摆动，用前臂内侧、掌根或虎口处击球的下部。

（四）扣球技术

1. 正面扣球

（以右手扣球为例）扣球助跑前采用稍蹲姿势，两臂自然下垂，观察判断来球。助跑的作用是为了接近球，选择适宜的起跳地点，同时也起到增加弹跳的作用，助跑数要根据球的远近和个人的习惯采用一步、两步、三步或多步法。（以两步助跑为例）助跑时，左脚先向前迈出一步，这一步要小，接着右脚再迅速跨出一大步，左脚及时跟上，踏在右脚之前，两脚尖稍向右转，并以右脚的脚跟先着地过渡到全脚掌着地，两臂由体前经体侧摆至体后上方，上体前倾，接着重心前移并降低重心，两膝弯曲并内扣，准备起跳。第一步是决定助跑的方向，第二步起到调整作用，使起跳的位置正确，起跳后保持好正确的击球点。起跳的目的不仅在于获得高度，还为了掌握扣球的时机和选择适当的击球位置。击球是扣球技术的关键环节。起跳后，挺胸展腹，上体稍向右转，右臂向后上方抬起，起跳后，挺胸展腹，上体稍向右转，右臂向后方抬起，身体成反弓形，利用含胸吸腹、带动肩、肘、腕各关节鞭甩动作向前上方挥动，使全身的协调用力集中于手上，以加大击球力量。击球时，五指微张呈勺形，并保持紧张，掌包满球，击球的后中部，同时主动用力屈腕屈指向前推压，使扣出的球加速上旋。落地时，应力争双脚尽快同时着地。以前脚掌先着地再过渡到全脚掌着地。同时顺势屈膝、收腹，以缓冲下落力量，并立即做好下一个动作的准备。

2.单脚起跳扣球

单脚起跳扣球的助跑角度要小,单脚起跳动作要求以扣球手手臂一侧的一脚蹬地踏跳,同侧腿迅速向上摆动,带动身体上升。即在助跑过程中,右脚落地时,左脚向前跨出一大步并蹬地起跳,右脚向上摆动,同时配合展腹的挥摆,帮助起跳并提高弹跳高度,起跳后保持好气球点,按照正面扣球动作击球。

(五)拦网技术

1.单人拦网

队员面对球网,两脚平行开立,约与肩同宽,离网 30~40 厘米。两膝稍屈,两臂在胸前自然弯曲。注意观察和判断对方场上队员的行为和球的飞行情况,随时准备移动和拦网。

为了及时对正扣球,可根据各种情况采用并步、交叉步、滑步等移动步法,迅速取好起跳点,准备起跳。原地起跳时,重心降低,两膝弯曲,用力蹬地,使身体垂直起跳。

起跳时,两手从额前贴近并平行球网向网上沿的前上方伸出,两臂伸直,两肩尽量上提。拦网时,两臂尽力过网伸向对方上空,两手接近球,并自然张开,当手触球时,两手要突然紧张,手腕用力下压盖住球的前上方。手腕主动用力盖帽搭球,使球反弹角度变小,对方不易防守,为了防止打手出界,2、4 号位队员的外侧手掌心要向内转。

选择拦网的部分不能只根据球的位置,更主要的是根据扣球人的动作。除事先了解扣球人的特点之外,主要根据扣球人的身体位置和挥臂方向。因此,在根据球的位置起跳时,就要把注意力转移到扣球人的动作上,最后根据其挥臂方向判断球的过网位置,双手最后伸向这个部分拦网。如果已伸手拦网后,又发现扣球人转变扣球方向,也可采用空中移位拦网,伸向对方扣球方向那一侧的手,手腕可以加侧倒动作,扩大拦区。

如已将球拦回,则可面对对方,屈膝缓冲,双脚落地。如未拦到球,则在下落时就要随球转头,并以转头方向相反的一只脚先落地,随即转身面向后场,准备接应来球或做下一个动作的准备。

2.集体拦网

(1)双人拦网

双人拦网是集体拦网的主要形式。双人拦网,主要由 2、3 号位或 3、4 号位队员组成。根据对方不同的进攻位置,其具体分工也不同。当对方从 4 号位组成拉开进攻时,应以本方 2 号位队员为主,3 号位队员移动并拢协同配合拦网,组成双人拦网;如果球较集中,则以 3 号位队员为主,2 号位队员进行配合拦网。当对方从 3 号位进攻时,一般应以本方 3 号位为主,4 号位协同配合;若对方从 2 号位进攻,则以本方 4 号位队员为主,3 号位队员进行协同配合拦网。

(2)3 人拦网

3 人拦网多在对方进行高点强攻的情况下运用,在组成 3 人拦网时,不论对方从哪一个位置进攻,都应以本方 3 号位队员为主拦者,两边队员主动配合拦网。

第三节　乒乓球运动实践指导

一、乒乓球运动的基本概况

乒乓球运动 19 世纪中末期在英国产生，后来逐渐在欧洲流行起来。其起源与网球的发展有着非常密切的关系，乒乓球运动英文名为 Table Tennis，即桌上网球。据记载，大约在 19 世纪后半叶，由于受到网球运动的启示，在一些英国大学生中，流行着一种极类似现在乒乓球的室内游戏，发球时，可将球直接发到对方台面，亦可把球先发到本方台面再跳至对方台面。球拍是空心的，用羊皮纸贴成，形状为长柄椭圆形。为了不损坏家具，在橡胶或软木实心球外，往往包一层轻而结实的毛线。有时，在饭桌上支起网来打；有时索性就在地板上用两个椅子当作支柱，中间挂起网来打。虽然打起来不十分激烈，但颇有一番乐趣。这种游戏当初叫作"弗利姆—弗拉姆"（Flim—Flam），又称为"高西马"（Goossime）。

乒乓球运动能够有效增强身体素质，改善身体的各项机能，有效增强体质。乒乓球运动能够有效锻炼反应速度，增强反应的灵活性。除此之外，还能有效促进参与者之间的交流，增进人际关系。

二、乒乓球运动技术教学指导

（一）发球技术

1. 正手平击发球

正手平击发球是初学者最基本的发球方法。其速度应一般，略带上旋。动作是站位近台中间偏左处，抛球同时向右侧上方引拍，上臂带动前臂向前平行挥动，拍形稍前倾，在球的下降期击球的中上部向前方发力，使球的第一落点在球台的中段附近。

2. 反手发右侧上（下）旋球

反手发右侧上（下）旋球以旋转变化为主，飞行弧线要向左偏拐，对方回球时容易出现向其左侧上（下）反弹。其能很好地起到迷惑对方的作用。右脚稍前，重心在腰、臂协调用力，有利于增大发球的速度和力量。

（二）接发球技术

首先，接发球时，要合理选择站位。一般来讲，如果对方站在球台左半台，本方也应站在球台的左半台；若对方站在球台的右半台，本方也应相应调整至球台的中间偏右位置。一般站位离球台 30 ~ 40 厘米为宜。

其次，接发球时，要正确判断来球路线，判断上不出现大的偏差，才能谈得上更好地运用接发球技术。

（三）攻球技术

1. 正手攻球

（1）正手快攻

左脚稍前，身体离球台约40厘米。击球前，持拍手臂要右前伸迎球，前臂自然放松，球拍呈半横状。当球从台面弹起时，前臂和手腕向前上方挥动，并配合内旋转腕的动作，使拍形前倾，在上升期击球中上部。拍触球刹那，拇指压拍，同时加快手腕内旋速度，使拍面沿球体做弧形挥动。击球后，挥拍至头部高度。

（2）正手拉攻

攻球时，左脚稍前，身体离球台约60厘米。击球前，持拍手臂向右后下方引拍，球拍比半横状略下垂些，拍形稍后仰。当球从高点开始下降时，上臂由后向前上方挥动，在将触球前，前臂加速用力向左上提拉，同时配合手腕动作向上摩擦球，在下降期击球中部或中下部，拍形接近垂直。遇来球低或下旋较强时，腰部应配合向上用力。击球后，要随势将球拍挥至额前，重心移至左脚。

2. 反手攻球

（1）反手快攻

右脚稍前，身体离球台约40厘米。持拍手臂自然弯曲，将球拍移至腹前偏左的位置。击球时，前臂和手腕向右前上方挥动，同时配合外旋转腕动作，使拍形前倾，在上升期击球中上部。击球后，随势将球拍挥至右肩前。

（2）反手拉攻

右脚稍前，身体离球台约60厘米。击球前，持拍手臂的上臂靠近身体，前臂向左下方移动，将球拍移至腹前偏左的位置，球拍略下垂并稍低于台面，拍形稍后仰。击球时，上臂稍向前，同时配合向外转腕动作，前臂向右前上方迅速挥动，在下降期击球中部或中下部，腰部应辅助用力。击球后，随势将球拍挥至额前，身体重心移至右脚。

（四）搓球技术

1. 慢搓

反手慢搓的站位是右脚稍前，身体离球台约50厘米，持拍手臂向左上方引拍。击球时，前臂和手腕向前下方用力，同时配合内旋转腕的动作，拍形后仰，在下降后期搓击球中下部。击球后，前臂随势前送。

2. 快搓

右脚稍前，身体靠近球台。来球在身体左侧时，可运用反手搓球。击球时，上臂迅速前伸，前臂跟随向前，拍形稍后仰，利用上臂前送力量，在上升期击球中下部。来球在身体右侧，可以运用正手搓球。搓球时，身体稍向右转，手臂向右前上引拍，然后前臂和手腕向前下方用力，在上升期击球中下部。

3. 摆短

摆短具有动作小、回球快、弧线低、落点近网的特点，用以还击近网下旋来球很有效，但对付长球或不转球有一定难度。其动作与快搓基本相同，但击球时间相对提前（上升前期）。在将触球时，手臂停止前伸，利用来球的反弹力，向前下方摩擦球的中下部，手腕有一定的减力动作，还可略带侧向摩擦，以便起到缓冲作用。

4. 劈长

劈长具有速度快、线路长、旋转强，弧线低平、出手凶狠等特点。常使对方无法获得上手进攻所必需的引拍距离，在接发球时与摆短配合运用能起到更好的效果。动作与一般搓球类似，但引拍稍高（须高于来球），在高点期（或上升后期）触球，前臂带动手腕快速向前下方砍击，发力集中，动作幅度较大，身体重心要随摩擦球的方向跟出。

（五）弧圈球技术

1. 正手弧圈球

（1）正手高吊弧圈球

两脚开立，右脚稍后，身体略向右转，两膝微屈，重心放在右脚上。准备击球时，持拍手臂自然下垂，并向后下方引拍，右肩略低于左肩，拇指压拍使拍形略为前倾，呈半横立状，并使拍形固定。当来球从台面弹起时，手臂向前上方挥动，前臂在上臂带动下爆发性用力做快收动作。将触球时，手腕向前上方加力，在球下降期用拍摩擦球的中上部。球拍擦击球时，要注意配合腰部向左上方转动和右腿蹬地的力量。击球后，重心移至左脚。

（2）正手前冲弧圈球

两脚开立，右脚稍后，身体略向右转，重心放在右脚上，将球拍自然地拉至身后（约与台面同高），拍形保持前倾，与地面呈35°～40°夹角。当球从台面弹起还未达到高点时，腰部向左转动，手臂向前上方挥出，前臂在上臂的带动下，迅速内收，手腕略转动，在高点期或下降期前用拍擦击球的中上部，使之成较低的弧线落在对方的台面上。击球后，重心移至左脚。

2. 反手弧圈球

两脚平行或左脚稍后站立，两膝微屈，重心较低。击球前，将球拍引至腹部下方，腹部略内收，肘部略向前，手腕下垂，拍形前倾。当球从球台弹起时，以肘关节为轴，前臂迅速向上挥动，结合手腕向上转动的力量，在下降期用拍擦击球的中部或中上部。在击球过程中，两腿向上蹬伸。

（六）削球技术

1. 远削

（1）正手远削

两脚分开，右脚稍后，身体略向右转，手臂向右后上方移动，前臂提起，球拍上举。当来球跳至下降后期，随着身体的向左转动，上臂带动前臂同时向左前下方用力，拍面后仰，触球中下部，手腕有一摩擦球的动作。

（2）反手远削

方法基本同正手削球，但方向相反。反手削球引拍动作要有节奏。

2. 近削

（1）正手近削

动作与远削有相同处。与远削动作不同之处有，以向上引拍为主，拍形近似垂直或稍稍后仰，整个动作以向下为主，略带向前向左，在来球的上升后期或高点期触球的中下部（比远削偏中部），动作速度比远削要快。

（2）反手近削

与正手近削相同，但方向相反。引拍动作应适当加快。

第四节　羽毛球运动实践指导

一、羽毛球运动的基本概况

羽毛球运动有着非常悠久的历史，从《大不列颠百科全书》的记载中我们看到，早期的羽毛球游戏从两千多年前就已经在世界一些地区流行了，但是，对于羽毛球运动的起源，至今也还没有较为确切的说法。其中，人们最认可的观点是羽毛球是由毽子球游戏演变而来的。

在羽毛球运动中，可以通过挥动球拍，将球击过有一定高度的球网，羽毛球能充分展示出击球者灵活、机智、潇洒的气质，并引起浓厚的运动兴趣和愉悦的心情，全面增强练习者的体质。在羽毛球运动过程中，练习者通过在前场和后场的快速移动，中场的起跳扣杀、跨步救球，网前的轻吊，双打时的配合换位等，能很好地增强其力量素质、速度素质、灵敏性素质和柔韧性素质等。经常从事羽毛球运动可以增强人体的灵活性和协调性，可以提高人的上下肢及躯干的活动能力，改善呼吸系统和心血管系统的功能，增加肺活量，增强代谢功能，改善吸氧能力，增强体质，提高免疫功能，缓解疲劳。

二、羽毛球运动技术教学指导

（一）发球技术

1. 正手发球

（1）正手发高远球

完成正确的站位和准备姿势后，开始准备挥拍击球，直至完成一系列动作。

挥拍时，先放球，右手的大臂带动小臂，从右后方向左前上方挥动的同时，右脚蹬地，腰腹向正前方转动，同时身体重心随势前移。

击球时，要使下落的球与拍面在身体右侧前下方的交叉点碰触，球触拍面的中上部。击球瞬间，握紧球拍，闪动手腕，向前上方鞭打击球，在击球的同时，手臂随击球后的惯性自然往左肩上方挥起，身体重心也由右脚移至左脚。

击球后，重心下沉，微屈双膝，随时准备回击对方的来球。

（2）正手发平高球

发球前，站在离前发球线 1 米左右发球场区中线附近；面对球网，两脚自然开立，左手持球，自然弯曲置于胸前，左脚在前，右脚在后。身体重心放在右脚上，身体略微向后仰，右手向右后侧举起，肘部稍弯曲。

挥拍时，左手把球在身体靠右前方并放下，使球下落，右手同时挥大臂带动小臂，小臂加速自右后方往左前方挥动球拍。

击球时，球落到击球人腰部稍下的一刹那，紧握球拍，手腕向前上方击球，瞬间前臂加速带动手腕发力，拍面稍向前上方推进，动作幅度小于发高远球。触球时拍面仰角要小于 45°，拍面稍向前推送击球。从小臂起动到最后球拍击球的整个过程就像甩鞭子一样。

发球后，应迅速还原，准备回击。

2. 反手发球

（1）反手发平快球

发球前，站位与准备姿势要与反手发网前短球基本相同。击球时，手要紧握拍柄，加快挥拍速度，掌握好拍面角度，用"甩"腕与手指动作配合的爆发力，将球向前或前上方击出。

（2）反手发网前短球

面向球网，两脚前后开立，上体稍前倾，将身体重心放到前脚上。右手臂屈肘，用反手握拍法将球拍斜下举在腰下。击球时，瞬间利用前臂带动手腕、手指向前横切推送，让球贴网而过落在近网处。发球挥拍较慢，发力轻，球的落点近网。

（二）接发球技术

1. 接高远球

对方发高远球或平高球时，通常会采用平高球、吊球或杀球来进行还击。一般来说，接发高远球是一次进攻的机会，还击得好，就掌握了主动权。一些初学者常因后场技术没掌握好，还击球的质量较差，遭到对方的攻击。

2. 接网前球

对方发来网前球时，通常会采取平高球、高远球、放网前球、平推等技术来进行还击；如对方发球质量不好，也可用扑球还击。根据对方不同的发球技术，在洞察对方发网前球的意图的基础上，要根据场上的情况、对手的特点以及自己的战术设计来做最佳的还击。

3. 接平快球

对方发来平快球时，可用平推球、平高球还击，以快制快。由于接球方还击的击球点比发球方高，下压狠一些可以夺取主动。另外亦可以高远球还击，以逸待劳。不能仓促还击网前球，因为如果击球质量稍差，就有可能遭到对方的进攻。

（三）网前击球技术

1. 放网前球技术

（1）正手放网前球

击球前，准确判断来球路线和落点，快速上网，侧对球网。最后一步左脚在后，右腿跨成弓箭步，重心放在右脚，正手握拍，做好放网前球准备。球拍随着前臂向右前上方斜举，当球拍举至最高点时，前臂开始外旋转动，手腕稍后伸，左臂自然后伸，起平衡作用，这就是网前进攻技术击球前期动作的一致性。

击球时，前臂稍外旋，手腕由后伸至稍内收闪动，握拍手的食指和拇指夹住球拍，中指、无名指、小指轻握拍柄，使球拍在手腕和手指的挥摆用力下，轻击球托把球送过网。放球后，身体还原至准备姿势。

（2）反手放网前球

击球前动作同正手放网前球，不同在于方向相反，反手握拍，反面迎球。

击球前，要准确判断来球路线和落点，快速向前左侧上网，最后一步右脚在前，左脚呈弓箭步，将身体重心放在右脚上，侧身对网。击球时，主要靠前臂的前伸、外旋和手腕由内收至外展的合力，轻击球托底部把球轻送过网。击球后，整个动作还原成下次击球的准备姿势。

2. 网前勾球技术

（1）正手勾球

击球前，依据来球快速上网，与此同时，手握球拍向右前方举起。侧身对网，重心在右脚；握拍小臂前伸，稍有外旋，手腕稍后伸，手腕、手指自然放松；拍柄稍向外捻动，拇指贴在拍柄宽面，食指第二指节贴在拍柄背面宽面，拍柄不触掌心。

击球时，小臂稍内旋，手腕由稍后伸至内收闪腕，肘部略回收，拍面朝对方右网前拨击球托侧底部，球沿网的对角线飞越过网。击球结束后，持球拍的手臂回收至体前，做好迎接来球的准备。

（2）反手勾球

击球前，依据来球手臂前伸，球拍平举。准备击球时，肘部突然下沉，同时小臂略有外旋。

击球时，击球瞬间，手腕由屈腕到伸腕闪动，拇指内侧和中指将拍柄向右侧一拉，其余的手指突然紧握拍柄，球拍背面朝对方左网前拨击球托侧底部，球沿网对角线飞越过网。击球结束后，持球拍的手臂回收至体前，做好迎接来球的准备。

3. 网前搓球技术

（1）正手搓球

做好击球准备，正手搓球击球前，要求上网步法快。左脚蹬地，右脚向网前跨呈弓步，侧身对网，重心在右脚，左手自然后伸，以保持平衡。持拍手臂向前伸出，以肘为轴，前臂做外旋动作，手腕外展，出手要快，握拍手腕和手指自然放松。

击球时，前臂稍外旋，拍面与球网成斜面向前。用手指控制好拍面并发力，使搓出的球尽可能地贴网而过；挥拍时，腕部由展腕至收腕闪动，带动手指向前"切削"，搓击球托侧底部，球呈下旋翻滚过网；或腕部由收腕至展腕闪动，带动手指离网"提拉"，搓击球托侧底部，球呈上旋翻滚过网。要注意，挥拍力量和拍面的角度大小以来球时离网的远近而定。

（2）反手搓球

击球前，同样要求快步上网。左脚蹬地，右脚向网前跨成弓步，侧身背对网，重心在右脚，握拍手臂向前伸出，出手要快，手腕、手指自然放松，前臂稍上举，收腕前屈，握拍手部高于拍面，反拍迎球。

击球时，主要靠前臂的前伸外旋和手腕由内收至外展的合力，带动手指离网"提拉"，搓击球托的侧底部，使球呈上旋翻滚过网。做这一技术动作时，要注意球不是被弹出去的，而是被手腕和手指的力量搓出去的，不要忽视击球时手指的捻动动作。

4. 网前推球技术

（1）正手推球

准备击球时，肘关节微屈回收，小臂稍外旋，收腕后伸，球拍向后摆，小指、无名指稍松开，使拍柄稍离鱼际肌。

击球时，身体稍前移，小臂前伸并带内旋、收腕，手指控制拍面角度，收腕由后伸至闪动，食指前压，小指、无名指突然握紧拍柄；球拍急速推击球，球沿边线飞向对方后场底角；击球瞬间，拍面几乎与球网平行。正手推直线球时，击球点在身体右前方，推对角球时，击球点在近肩侧前方。

（2）反手推球

击球前，准备姿势与反手网前搓球相似。准备击球时，小臂向左胸前收引，屈肘屈腕。

击球时，小臂前伸略带外旋，收腕由屈到伸"闪"动，中指、无名指和小指突然握紧拍柄，大拇指顶压，向前挥拍，推击球托侧底部，将球推击到对方后场底线。反手推直线球时，击球点在身体左前方，推对角球时，击球点在近肩侧前方。

5. 网前扑球技术

（1）正手扑球

击球前，准确判断来球的高度和路线，依据来球快速蹬步上网，身体右侧扑向网，球拍随手臂向右前伸，斜上举，拍面朝前。准备击球时，小臂外旋，收腕关节后伸，小指、无名指稍松开，使拍柄离开鱼际肌。

击球时，收腕由后伸到屈腕闪动，利用小臂、收腕和手指力量向前下方"闪"击球，球拍触球后立即收回，或靠手腕由右前向左前"滑动"式挥拍扑球，以免球拍触网违例。

扑球后，球拍随手臂向右侧前下方回收，做好迎接下一个来球的准备。

（2）反手扑球

击球前，反手握拍于左侧前，当身体向左侧前方跃起时，持拍手小臂前伸、上举，收腕外展，拍面正对来球。

击球时，手臂伸直，手腕由外展到内收闪动，手握紧拍柄，拇指顶压，加速挥拍扑击球；击球后即刻屈肘，球拍回收，以免球拍触网违例。

（四）低手击球技术

1. 挑高球

（1）正手挑高球

击球前，判断来球，快速上网，左脚积极蹬地，右脚跨步向前呈弓步，侧身对网，重心在右脚。正手握拍，手臂自然向右前方伸出，小臂外旋伸腕，左臂自然后伸起平衡作用。击球时，以肘关节为轴，小臂带动手腕快速由右下方向前上方呈半圆形挥拍击球。

（2）反手挑高球

击球前，判断来球，快速上网。左脚积极蹬地，右脚跨步向前呈弓步，重心在右脚，侧身背对网。反手握拍，手臂向左前方伸出，小臂内旋屈肘、屈腕，左臂自然后伸起平衡作用。击球时，以肘关节为轴，小臂带动手腕快速由左下方向前上方呈半圆形挥拍击球。

2. 接杀球

（1）挡网前球

正手挡网前球：接球前，身体移至右场区并右倾，手臂右伸，前臂外旋，手腕外展。击球时，前臂内旋稍翻腕，带动球拍由右下向前上方挥动击球，把球挡向直线网前；也可以在击球时前臂由外旋到内收，带动球拍由右向前切送挡直线网前球。击球后，身体左转成正面对网，然后右脚上前一步，球拍随身体向左转收至体前。还原成准备姿势，做好迎接下一来球的准备。

反手挡网前球：接球前的准备姿势与正手挡网相似，但动作方向与正手握拍法相反。左脚向左侧跨出一步，身体左倾，屈右肘，小臂内旋，手腕外展。击球时，借来球冲力，拍由左上方向左前方用拇指的顶力挥拍轻击球托，把球挡回直线网前。击球后，面对网，球拍随身体的移动收至体前。

（2）平抽反击球

准备反击球时，站在球场中心附近，两脚左右开立，两膝微屈，面向球网，准备。右手持拍在体前，准确判断来球，左（右）脚向左（右）侧跨步到位，引拍至左（右）侧后。

正手平抽球时，小臂要由外旋转为内旋，手腕由伸腕至伸直闪动，手指握紧拍柄，大多数用食指的力量向前发力挥拍击球。

反手平抽球时，小臂要由内旋转为外旋，手腕由稍内至外展收闪动，手指突然握紧拍柄，大多数用拇指的反压力，向前稍上挥拍进行击球。

3. 抽球

（1）正手抽底线球

击球前，依据来球迅速移动步法。左脚蹬地，右脚向正手底角跨出，侧身向网，上体向右后倒，重心在右脚。右手握拍，手臂向右举拍，大臂与小臂约呈120°。准备击球时，小臂外旋伸腕，球拍后引，拍面稍后仰。击球时，主要靠小臂带动手腕"抽鞭"式向前挥拍，小臂由外旋到内旋，腕部由伸到屈闪动击球。向前上方用力击球成高远球，向前方用力击球则成平球。击球后，立即还原成准备姿势，以做好迎接下一个来球的准备。

（2）反手抽底线球

击球前，依据来球快速移动步法，左脚蹬地，右脚向反手底角跨出，上体前倾背对网，重心在右脚。反手握拍将球拍举于左肩上方。击球时，大臂要带动小臂、手腕和手指沿水平方向快速向后挥拍，手臂基本伸直时，小臂外旋，手腕后伸用力"闪"动击球。向后上方用力击球成高远球，向后方用力击球就会成平球。

（五）高手击球技术

1. 击高球技术

（1）正手击高球

击球前，判断好来球的方向和落点，侧身后退，使球处在自己的右肩稍前上方的位置。左肩对网，左脚在前，右脚在后，重心在右脚上。左臂屈肘，左手自然上举，右手持拍，手臂自然弯曲，将球拍举在右肩上方，两眼注视来球。

击球时，右上臂后引，随之肘关节上提，明显高于肩部，将球拍后引至头部，自然伸腕（拳心朝上）。然后在后脚蹬地、转体收腹的协调用力下，以肩为轴，上臂带动前臂快速向前上方甩腕做鞭打动作，手臂伸直在最高点，用手指、手腕和手臂的力量将球击出。

击球后，持拍手顺惯性往前左下方挥动并收拍至体前。与此同时，右脚向前迈出，左脚后撤，身体重心由后脚移到前脚上。还原成击球前的准备姿势，做好下一个来球的防守准备。

（2）反手击高球

击球前，依据来球落点，迅速把身体转向左后方，移动到适合的击球位置，背对球网，并用反手握拍法握拍；最后一步右脚跨向左后方，球拍由身前举到左肩附近，以上臂带动前臂转动。将身体重心移到右脚上，将球置于身体的右上方。

击球时，前臂由左肩上方往下绕半弧形，最后一刹那时手指紧握球拍，击球点以在右肩上方为好，以手腕往右后上方或者根据还击的需要掌握好球拍的角度进行击球，把球击向后上方。注意最后用力时，要用拇指的侧压力和甩腕的爆发力，以及蹬地转体时的全身协调用力。击球后，转身，手臂回收到胸前。

2. 扣杀球技术

（1）正手扣杀球

准备姿势和动作过程与击高球的技术相似。击球时，右脚起跳，把球调整在右肩的稍前上方，接着身体后仰呈反弓形，快速收腹，手臂以最大的速度向前上方挥摆，最后通过手腕的高速挥动，击球托后部，使球直线下行。杀球后，前臂带动球拍随惯性在体前收拍。

（2）反手扣杀球

动作方法与反手击高球相同。不同的是击球前的挥拍用力要大，身体反弓加上手臂、手腕的延伸、外展的鞭打用力，可向对方的直线或对角线的下方用力，击球瞬间球拍与扣杀球方向的水平夹角小于90°。

3. 吊球技术

（1）正手吊球

击球时，用手指、手腕发力，做快速切压球动作，击球托的后部和侧后部。如果吊斜线球，就要球拍切削球托的右侧并向左下方发力；如果吊直线球，拍面正对前方，向前下方切削球托。

（2）反手吊球

反手吊球准备动作与反手击高球相同。但是击球时，握拍方法、拍面的掌握、力量的运用有所区别。击球时，前臂挥动速度减慢，而手腕摆动加速。

吊直线球时，用球拍反面切削球托的后中部将球击出，落点在对方右场区前发球线附近。吊斜线球时，用球拍反面切削球托的左侧部将球击出，落点在对方左场区前发球线附近。

第八章　体育运动与大学生心理健康

第一节　大学生心理发展特点

从年龄来看，大学生正处于青年中期，个体的生理发展已接近成熟，已具备了成年人的体格及生理功能。在我国，大学生是经过严格考试，从各地选拔出来的学业成绩优秀的人才。从中学到大学，生活环境发生了巨大改变，而大学生所处的年龄阶段又决定了他们的心理尚未完全成熟。以这种尚未完全成熟的心理状态，来面对环境的巨大变化，其心理发展之路必定是坎坷不平、动荡不安的。可以说，大学生的心理问题更复杂、多变，更具有独特性。大学校园不同于任何一种别的社会生活环境，它在社会中处于一个特定的层次，因此，大学生的心理发展有着十分明显的特点，面临着独特的心理冲突。

一、大学生心理发展特点

（一）自我意识增强，但发展不成熟

自我意识，是指人对自己、自己与他人及社会的关系的认识，包括自我观察、自我评价、自我检验、自我监督、自我教育、自我完善等。独立自主、具有个人魅力是当代大学生喜欢追求的个性形象。大学生是同龄青年中的佼佼者，一般都具有较强的自信心、自尊心。他们希望自己的聪明才智能够得到社会的承认和关注，他们不喜欢别人指手画脚、干涉指责，或者继续把他们当未成年人看待，期待社会把他们看作是成熟的一员，得到他人的尊重，这种表现是大学生自我意识进一步增强、个体进一步成熟的反映。大学生自我意识的增强还显著地表现在以下方面。

（1）迫切要求深入了解自己和发展自己。他们经常把自己分为现实的"自我"和理想的"自我"，力图从现实与理想的关系中把握自己、认识自己、要求自己，以追求完善的自我。

（2）自我评价能力增强。大学生既能借助一定的社会评价认识自己，但又不完全依赖别人的评价，表现出较明显的独立性、自主性和自信心。他们相信自己的知识和能力水平，十分重视维护自己的名誉，更希望得到别人的尊重和理解。

（3）自我教育能力增强。大学生大多数都能够根据所学专业和以后将从事的工作要求来规划自己的学习生活、确立自己的奋斗目标，不断提升自我修养、自我锻炼。不同年级的大学生在自我的发展方面存在明显差异。有趣的是，大学生自我意识发展的趋势与其心理障碍的发生趋势似乎存在某种对应关系。大学一年级学生的自我意识最高，其次是三、四年级学生，二年级学生的自我意识最低。这一结果一方面反映了大学生自我发展的趋势，即走向成熟和独立，同时也反映出他们所处环境的影响作用。由于自身社会生活的知识、能力和经验等的不足，大学生中的相当一部分人还不善于正确处理自我完善与社会发展需要的关系，还没有做好立足现实、做长期艰苦奋斗的心理准备。他们往往对自己估计过高，还不善于倾听不同的意见，难以理解人、尊重人，常常表现出自命不凡、刚愎自用；有少数人难以充分了解和正确认识自己，不能坦然承认和欣然接受自己，常因缺乏自信而妄自菲薄。他们一旦遇到自己无力解决的困难或遇到某种挫折时，容易产生对现实不满的过激行为或强烈的自卑感，甚至导致行为失控和做出不理智的事情来。心理健康的大学生不仅自我结构相对稳定，而且能够在新环境或新经验基础上对自我进行适当的调整。相反，有心理障碍者则往往不能及时协调自己的自我结构，从而对行为和心理健康产生不利的影响。正因为如此，大学生自我意识的发展状况充分反映出他们正处于迅速走向成熟但未真正完全成熟的心理特点。

（二）抽象思维迅速发展，但思维易带主观片面性

由于学习的知识越来越多，受到的思维训练越来越复杂，因而大学生的抽象思维获得了迅速发展，并逐渐在思维活动中占据主导地位。他们在思考问题时，不再满足一般的现象罗列和获得现成的答案，而力求自己探索事物的本质和规律。他们思维的独立性、批判性和创造性有所增强，主张独立发现问题和解决自己认为需要解决的问题，喜欢用批判的眼光对待周围的一切，不愿意沿着别人提供的方法去思考和解决问题，其思维的辩证性、发展性都有所提高。但是，他们的抽象思维水平并没有达到完全成熟的程度，主要表现在思维品质发展不平衡，思维的广阔性、深刻性和敏感性发展比较慢。由于个人阅历浅、社会经验不足，看问题时容易过分地钻"牛角尖"，并且掺杂了个人的感情色彩，缺乏深思熟虑，往往有偏激、过分自信和固执己见的倾向，尤其是他们还不大善于运用唯物辩证法观点和理论联系实际的观点分析自己的认识活动和观察社会现象。从思维的发展来说，大学生的"理论型"抽象思维居于主导地位，因而，他们常常把社会问题看得过于简单而陷入主观、片面和"想当然"的境地。难怪有的心理学家在揭示大学生这种思维特点时发出这样的感慨："连当代最伟大的政治家都感到棘手的社会问题，在大学生看来却易如反掌！"这些说明大学生的思维往往缺乏客观性。

（三）情感丰富，但情绪波动较大

大学生充满青春活力，随着校园生活的深入展开，社会性需要增多，其情感也日益强烈、日益发展完善。这种强烈的情感不仅仅表现在学习和工作中，体现在对待家长、同学

和教师的态度等方面，更重要的是这种情感还明显地具有时代性、社会性和政治性。他们热爱社会、富有理想，关心国家的命运和前途，对于走有中国特色的社会主义道路、实现中华民族全面振兴充满了激情。他们的爱国主义情感、集体主义情感、社会责任感和义务感、道德感、友谊感、美感和荣誉感、理智感等迅速向广度和深度发展，逐步成为其情感世界的本质和主流。爱情的出现是大学生情感世界的一大突变，对其心理发展产生着巨大影响。大学生控制情绪的能力也在不断由弱变强，大多数人的内心体验逐渐趋于平稳。但是，如果受到内心需要和外界环境影响的强烈刺激，他们的情绪又容易产生较大波动而表现出两极性，既可能在短时间内从高度的振奋变得十分消沉，又可能从冷漠突然转变为狂热，乃至造成消极的后果。这种情况常使一些大学生陷入理智与情感的矛盾和冲突之中，从而感到十分苦恼。大学生的情绪还存在着外显性与内隐性的矛盾，这种矛盾冲突也带来了大学生中较常发生的情绪适应问题。生活经验的匮乏，使大学生又常常体验到挫折与焦虑。

（四）意志水平明显提高，但发展不平衡、不稳定

大学生多数已能逐步有意识地确定自己的奋斗目标，并根据目标制订实施计划，排除内外障碍和困难去努力实现奋斗目标，其意志的自觉性、坚韧性、自制性和果断性都有了较大发展。但是处于意志形成时期的大学生，其意志水平发展又是不平衡和不稳定的。大学生意志的自觉性和坚韧性品质已达到较高水平，但意志的果断性和自制性品质的发展却相对缓慢一些。这主要表现在，大学生能独立迅速地处理好一般学习、生活问题，但在处理关键性问题或采取重大行动时往往表现出优柔寡断、动摇不定或草率武断、盲目从众的心态。在不同的活动中，大学生意志水平的表现也不一样，如在专业学习活动中，往往意志水平高，而在思想品德的修养活动中意志水平就相对比较低。在同一种活动中，大学生的意志水平表现也有较大差异，心境好时意志水平较高，心境差时则意志水平较低。情绪波动对于他们意志水平的影响是显而易见的。

意气风发、勇往直前、敢想敢说，是当代大学生思想解放、朝气蓬勃的表现，是大学生思维的独立性、批判性进一步增强，意志和情感得到进一步发展的反映。但是，由于大学生的思维发展还不够深刻、全面，辨别是非的能力还不够强，情感仍存在不稳定的一面，自我约束、自我控制能力尚待继续培养和发展，因而大学生在社会适应和生活适应上常常会遇到挫折与冲突。俗话说，温室里的花朵经不住风吹雨打，现实生活中再好的理想如果没有经过社会、生活的锻炼，也是脆弱不堪的。

（五）智力发展水平达到高峰，加入社会的需求迫切

大学生一般思维敏捷、接受力强，通过专业训练、系统学习，抽象逻辑思维能力得到充分的发展，智力水平大大提高，分析问题、解决问题的能力增强，其智力层次含有较多的社会性和理论色彩。

大学生在校园里的生活时间比同龄人长，这使他们与社会形成一定的距离。也正因为如此，他们渴望加入社会的愿望更为迫切。在校园里，他们关注着社会，评判着各种社会

现象，并希望自己能加入进去，按照自己的想法去改变各种令人不满的现象，把自己的专业知识服务于社会，体现自己的力量，实现自身的价值。这种迫切加入社会的需求与大学生日益形成的价值观相互作用，是将来他们走向社会的重要心理依据。这一心理特点支配、指导着大学生的学习态度，从而对大学时代的生活质量产生重要的影响。

二、大学生心理发展阶段

为了更深入地了解大学生的心理发展历程，可以将大学生的心理发展分为以下三个阶段：适应准备阶段、稳定发展阶段、趋于成熟阶段。

（一）适应准备阶段

新生步入大学，从高考成功的喜悦中冷静下来，首先面临的就是从中学生活到大学生活的急剧转折。生活环境的变迁、人际关系的变化、学习方式的改变，凡此种种，都可能使他们感到很不适应，整个身心处于动荡不安之中，原有的、习惯化了的心理结构被一下破坏，心理平衡被搅乱，周围全是陌生的面孔、陌生的事物。在一片陌生之中，他们需要逐步开始新的生活；在克服各种不适应的同时，他们力图建立新的心理结构，以达到新的心理平衡，从而开始真正的大学生活。大学新生对大学生活从不适应到适应的过程，称为适应准备阶段。

（二）稳定发展阶段

这一阶段是大学生活全面深化和发展时期。入学时的不适应已基本消除，新的心理平衡已初步建立起来，各方面的关系已趋于熟悉、稳定，新的生活秩序开始良好地建立，大学生活进入相对稳定的阶段。这一阶段是大学生活最主要、最持久的阶段，将一直延续到大学毕业前夕，一般为三年左右。

在这一看似平静的阶段，大学生极强的可塑性在这一阶段得到充分展示，每个人都按自身独特的方式塑造着自己。他们可能会遇到许多锻炼、提高的机遇，可能会有克服困难、取得成功的欣喜，也可能会遇到困惑、苦恼，这正是大学生的成长过程，大学教育的主要目标将在此阶段完成。

（三）趋于成熟阶段

这个阶段是大学生从学生生活向职业生活过渡的阶段。面对又一次环境变迁、角色变化，大学生心理将再起波澜。不过，此时的大学生已接受了严格的专业训练和独特的校园生活的陶冶，独立意识较强，自我意识也有了很大的提高，对未来的生活道路产生种种设想。这些设想多数可能与现实有一定距离。大学生在此阶段必须开始做好走向社会的心理准备。进一步深入地了解社会，把握自己在生活中的位置，是所有大学生面临的任务。要决定毕业后的去向，要做毕业设计以证明自己大学时代的专业收获，有的还要处理与恋人的关系等，每个大学生的心理负担、心理冲突都不少。这个阶段往往是对大学生各方面素质进行综合考验的阶段，同时又是促进大学生心理成熟的阶段。

第二节　大学生心理健康标准

一、心理健康的基本含义与标准

（一）心理健康的基本含义

1946 年第三届国际心理卫生大会曾对心理健康下过这样的定义："所谓心理健康，是指在身体、智能以及情感上与他人的心理健康不相矛盾的范围内，将个人心境发展成最佳的状态。"

虽然人们所站的角度不同，对心理健康的理解有一定的差异，但都存在一些共同之处，即心理健康是指在正常发展的智能基础上所形成的一种表现出良好个性、良好处事能力和良好人际关系的心理特质结构。

（二）心理健康的标准

1. 世界心理卫生联合会提出的心理健康具体标准

（1）身体、智力、情绪十分调和。

（2）适应环境，在人际关系中能彼此谦让；。

（3）有幸福感。

（4）在工作和职业中能充分发挥自己的能力，过有效率的生活。

1948 年，世界卫生组织（WHO）还明确提出："健康"，不仅是没有身体缺陷与疾病，还要有完整的生理、心理状态和社会适应能力。这里的心理健康至少包含两层含义：其一是无心理疾病；其二是具有一种积极发展的心理状态。没有那种"积极发展的心理状态"，人们不能对自己的心理健康进行保护和促进；不能消除不健康的心理倾向，也容易出现轻度的心理问题或障碍。

2. 美国心理专家马斯洛提出的心理健康 14 条标准

（1）现实知觉良好，即能如实看待世界，而不是按自己的欲望和需求来看待世界。

（2）接纳自然、他人与自己，即能接受别人、自身及自然的不足与缺憾，不会被这些缺憾所困扰。

（3）自发、坦率、真实，即行为坦诚、自然，没有隐藏或伪装自己的企图，除非这一种直率的表现会伤害别人。

（4）以自身热爱的工作为中心，即热爱自己所从事的工作，工作刻苦、专注。

（5）有独立和独处的需要，即不靠别人来获得安全和满足，遇到问题时喜欢冷静、独立地思考，把解决问题的希望寄托在自己身上。

（6）在自然与社会文化环境中能保持相对的独立性，即无论在什么样的环境中都能独立地发挥思考的功能，并具有自制能力，即使在遇到挫折、受到打击的情况下，也是这样。

（7）有持久的欣赏力，即对于某些经验，特别是审美体验，有着奇特而经久不衰的欣赏力，不会因事物的重复出现而为之烦恼，相反，却为能保留和享受这些美好回忆而欣喜不已。

（8）具有难以形容的高峰体验，人生中存在这样的体验：感受到强烈的醉心、狂喜和敬畏情绪，感觉到极大的力量、自信和决断指向，甚至连平凡的日常活动，也被他们夸大为压倒一切、无限美好、不可言喻。

（9）关注社会道德，即把帮助穷困受苦的人视为自己的天职，具有同世间所有的人同甘苦、共患难的强烈意识，能够千方百计为他人利益着想。

（10）人际关系深刻，即注重友谊和爱心，但交友的数目一般不多，同伴圈子较小。

（11）具有民主的性格结构，即谦虚待人，不存偏见，尊重别人的权利和个性，善于倾听不同意见。

（12）具有创造性，即具有同儿童天真的想象类似的倾向，具有独创、发明和追求革新的特点。

（13）处世幽默、风趣，即善于观察人世间的荒诞和不协调现象，并能以一种诙谐、风趣的方式将其恰当地表现出来，但绝不会把这种本领用在有缺陷的人身上，对不幸者总是给予同情。

（14）反对盲目遵从，即对随意附和他人的观点和行为的人或事十分反感，有自己的主见，认定的事情就坚持去做，而不顾及传统的力量或舆论的压力。

关于心理健康所包含的具体内容和标准，不少国内外专家学者都有过研究和论述，以上仅为代表。

心理健康与生理健康一样，都是健康不可分割的部分，但是，心理健康的标准并不像生理健康的标准那样具体、精确和绝对。对心理健康状况的划分，一般常用"常态"和"变态"或者"正常"和"异常"来表示。并且心理健康与否、正常与否的界限是相对的，很难有绝对、客观的划分标准，正常和异常是一个连续体的两端，中间没有绝对的分界线。

二、大学生心理健康的标准

大学生的普遍年龄一般为 18 ~ 25 岁，从心理学的观点看，正处于青年中期。大学生的心理具有青年中期的许多特点，但作为一个特殊群体，大学生又不能完全等同于社会上的青年人，主要原因在于：第一，政治上，大学生更加敏感；第二，经济上，大学生尚不能独立；第三，人际关系方面，大多数大学生远离家乡，缺乏家庭的温暖，校园生活使他们比较脱离社会，集体生活又使他们缺乏个人空间；第四，书本知识丰富，而社会经验却相对贫乏，思想活跃，但脱离实际。

因此，大学生除了可能产生一般的心理问题外，这些特殊处境还会使他们产生一些特殊的心理问题。

心理是否健康是可以测量的，但测量心理健康的工具却不像测长度、高度的尺子那样具体和客观。测量心理健康一般采用量表测量，其标准不是固定不变的。心理的健康与否随着时代的变迁、文化背景的变化、对象的不同等有着不同的评价标准。根据我国大学生的实际情况，评判大学生的心理健康水平应依据以下几个标准来考虑。

（一）自我评价正确

一个心理健康的人，能认识到自己的价值，既能了解自己，又能接受自己。对自己的能力、性格和优缺点都能做出恰当客观的评价。不会高估自己，不会对自己具有的一些长处和优势沾沾自喜，提出不切实际的生活目标和理想；同时，也不会贬低自己，不会为自己在某些方面存在的不足而自责、愤怒、自卑。心理健康的人能接受自己，对别人的评价能做出客观的反应，自我认识稳定，并保持积极的生活态度，努力发展自己的潜能。反之，一个心理不健康的人，不能恰当地认同自己，总存在强烈的心理矛盾冲突，对自己总是不满意，缺乏积极的自我态度，总是要求十全十美，而总是无法达到，因此无法保持平衡的心理状态。

正确的自我评价是大学生心理健康的重要条件。大学生是在与现实环境和他人的相互关系中，在自己的实践活动中认识自己的。一个心理健康的大学生，对于自己的认识应当比较接近现实，尽力做到具备自知之明；对于自己的优点感到欣慰，但又不至于狂妄自大；对于自己的弱点和错误既不回避也不自暴自弃，而是善于理智地自我接受。

（二）适应能力强

较强的适应能力是心理健康的重要特征，而一个人不能有效地处理与周围现实环境的关系则是导致心理障碍的重要原因。心理健康的大学生，应能和社会保持良好的接触，对于社会现状有清晰正确的认识，其思想和行动都能跟得上时代的发展步伐，与社会的要求相符合；而当发现自己的需求和愿望与社会需求发生矛盾时，能够迅速进行自我调节，以求与社会协调一致，而不是逃避现实，更不是妄自尊大、一意孤行，与社会需要背道而驰。

（三）满意的心境

心理健康的大学生，对自己的学习、生活和人际关系总是有一定程度的满意感，并自感有较强适应周围环境的能力，从而获得自尊和自信。虽然他们的聪慧程度不尽相同，但由于没有心理障碍，其聪明才智都能得以充分发挥，从而取得一定的成绩，赢得成功的喜悦。这种满意的心境主要来源于较高的精神修养，因而他们无论是处于顺境还是逆境，都能积极进取，在拼搏中找到事业的乐趣，发掘出生活中光明的一面。

（四）乐观的生活态度

心理健康的人能珍惜和热爱生活，积极投身于生活，并在生活中尽情享受人生的乐趣，有积极的人生体验。心理健康的人不在乎生活事件的大小，总能从中体验到生命的意义，不管是朋友聚会，还是独自漫步街头。在工作和学习中，他们既能积极发挥自己的聪明才智，又能从学习与工作的成果中获得满足和激励，把学习与工作看成乐趣，而不是负担。心理健康的大学生能正确地对待学习压力、择业竞争、情感纠葛等，以积极乐观的生活态度对待周围发生的事情，以平常心坦然处之，而不是悲观、抱怨、自暴自弃。心理健康的大学生把一切作为人生的阅历，作为迎接未来艰巨挑战的心理准备。

（五）智力正常

智力是指一个人的认识能力和活动能力所能达到的道德水平。它是人的观察力、注意力、记忆力、想象力、思维力、创造力及实践活动能力等的综合，包括在经验中学习或理解的能力，获得和保持知识的能力，迅速而成功地对新情境做出反应的能力，运用推理有效地解决问题的能力等。智力正常，是大学生学习、生活和工作的最基本的心理条件，是大学生胜任学习任务、适应周围环境变化所需要的心理保证。因此，智力正常是衡量大学生心理健康的首要标准。一般来说，大学生的智力都是正常的，在社会中其智力总体水平是比较高的，因而衡量大学生的智力是否正常，关键是看大学生的智力是否正常和充分地发挥了效能。大学生智力正常且充分发挥效能的标准是：有强烈的求知欲和浓厚的探索兴趣；智力结构中各要素在其认识活动和实践活动中都能积极、有序地参与并发挥作用；乐于学习。

（六）情绪健康

情绪健康的主要标志是情绪稳定和心情愉快。情绪健康是大学生心理健康的一个重要指标，这是因为情绪在心理变化中起着核心的作用，情绪异常往往是心理疾病的先兆。大学生的情绪健康内容应包括以下几方面。

（1）愉快情绪多于不愉快情绪，一般表现为乐观开朗、充满热情、富有朝气、满怀自信、善于自得其乐和对生活充满希望。

（2）情绪稳定性好，善于控制和调节自己的情绪，既能克制、约束，又能适度宣泄且不过分压抑，情绪的表达既符合社会的要求，又符合自身的需要，在不同的时间和场合有恰如其分的情绪表达。

（3）情绪反应是由适当的原因引起的，反应的强度与引起这种反应的情境相符合。

（七）意志健全

意志，是指人在完成一种有目标的活动时进行选择、决定和执行的心理过程。意志健全者在行动的自觉性、果断性、顽强性和自制能力等方面都表现出较高的水平。意志健全的大学生在各种活动中都有目的性，能及时做出决定并运用切实有效的方法解决所遇到的各种困难，在困难和挫折面前能够采取合理的反应方式，能在行动中控制自己的情绪和言行，而不是行动盲目、优柔寡断、轻率鲁莽、害怕困难、意志薄弱、顽固执拗、言行冲动。

（八）人格完整

人格在心理学上是指个体比较稳定的心理特征的总和。人格完整是指有健全、统一的人格，即个人的所思、所说、所做都是协调一致的。大学生人格特征的主要标志如下。

（1）人格结构的各要素完整统一。

（2）具有正常的自我意识，不产生自我同一性混乱。

（3）以积极进取的人生观作为人格的核心，并以此为中心把自己的需要、愿望、目标和行为统一起来。

（九）人际关系和谐

社会上的人总是处在一定的社会关系之中的，大学生同样也是离不开与人交往的。和谐的人际关系既是大学生心理健康不可缺少的条件，也是大学生获得心理健康的重要途径。大学生人际关系和谐的表现如下。

（1）乐于与人交往，既有稳定而广泛的人际关系，又有知心朋友。

（2）在交往中保持独立而完整的人格，有自知之明，不卑不亢。

（3）能客观评价别人和自己，善于取人之长、补己之短。

（4）宽以待人，乐于助人。

（5）积极的交往态度多于消极态度。

（6）交往的动机端正。

（十）心理行为符合大学生的年龄特征

大学生是一个处于特定年龄阶段的社会特殊群体，他们应当具有与其年龄和角色相应的心理行为特征。如果一个大学生经常严重缺乏这些心理行为特征，那么他可能是出现了心理异常。

当然，也有一些学者根据处于青年中期的大学生的心理发展特征和大学生特定社会角色的要求以及心理健康学说的基本理论，将大学生心理健康的标准简略地概括为以下七条。

1. 能保持对学习有较浓厚的兴趣和求知的欲望

智力正常是人一切活动的最基本的心理条件。学习是大学生的主要生活内容，心理健康的学生懂得珍惜学习机会，求知欲望强烈，能克服学习中的困难，学习成绩稳定，能够保持一定的学习效率，可以从学习中收获到满足和快乐。

2. 能保持正确的自我意识，接纳自我

自我意识是人格的核心，它是指人对自己、对周围世界关系的认识和体验。人贵有自知之明。心理健康的学生能够了解自己、接受自己，自我评价比较客观，既不因妄自尊大而去做力所不能及的工作，也不因妄自菲薄而甘愿放弃可以发展的机会。

3. 能协调和控制自己的情绪，保持良好的心境

情绪可以影响人的健康，影响人的工作效率，影响人际关系。心理健康的学生能够经

常保持愉快、开朗、乐观的心境，对生活和未来充满希望，虽然也会有悲、忧、哀、愁等消极体验，但他们能够主动调节。同时，他们也能采取正确方式适度表达和控制情绪，能够做到喜不狂、忧不绝、胜不骄、败不馁。

4. 能保持和谐的人际关系、乐于交往

人际关系最能体现和反映人的心理健康状况。心理健康的学生乐于与他人交往，能够以尊重、信任、友爱、宽容、理解的态度与他人相处，能够分享、接受和给予爱和友谊，能够与集体保持和谐的关系，可与他人同心协力，合作共事，并乐于助人。

5. 能够保持完整、统一的人格品质

人格是指人的整体精神面貌；人格完整，是指人格构成诸要素的气质、能力、性格和理想、信念、人生观等各方面平衡发展。心理健康的学生所思、所做、所言协调，具有积极进取的人生观，并能够把自己的需要、愿望、目标和行动有机地统一起来。

6. 能保持良好的环境适应能力

环境适应能力包括正确认识环境的能力和正确处理个人与环境的关系的能力。心理健康的学生在环境改变时能够面对现实，对环境做出客观的认识和评价，使个人行为符合新环境的要求。他们能和社会保持良好的接触，对社会现状有清晰的认识，能够不受环境中的消极影响的干扰，并及时修正自己的需求和愿望，使自己的思想、行为与社会协调一致。

7. 心理行为符合年龄特征

在人的生命发展的不同年龄阶段均应有相应的心理行为表现。心理健康的人的认识、情感、言行、举止都应符合其所处年龄段的要求。心理健康的学生应表现为精力充沛、勤学好问、反应敏捷、喜欢探索，而过于老成、过于幼稚、过于依赖都是其心理不健康的表现。

总而言之，人的心理健康是指一种持续的、积极的心理状态。个体在这种状态下，能够与环境有良好的适应，其生命具有活力，能充分发挥其身心潜能，就可被视为心理健康。据此，人的心理健康水平大体可分为三个等级：一是常态心理，表现为心情经常愉快，适应能力强，善于与别人相处，能较好地完成与同龄人发展水平相适应的活动，具有调节情绪的能力；二是轻度失调心理，表现出不具有同龄人所应有的愉快，与他人相处略感困难，生活自理能力较差，经主动调节或通过专业人员帮助后可恢复常态；三是严重病态心理，表现为严重的适应失调，不能维持正常的生活和工作，若不及时治疗可能发展成精神病患者。

第三节　体育运动对大学生心理发展的影响

一、体育运动对大学生认知能力发展的影响

科学研究表明，正在青年中期的大学生是认知能力发展的高峰时期。认知能力包括用人的感觉、知觉、表象、思维、记忆、想象、注意等认知过程的全部心理现象去分析客观事物的能力。

（一）体育运动对感知觉的影响

人的认识过程由简单到复杂可分为以下几个部分：

感觉是认识过程的最初阶段，是人脑对客观事物个别属性的反映。它包括：接受外部刺激，反映外界事物特性的外部感觉，如视觉、听觉、嗅觉、味觉和皮肤感觉；接受机体内部刺激，反映内脏器官状态的内部感觉，如渴、饥饿等感觉；反映身体各部分的运动和位置情况的本体感觉，如运动觉、平衡觉等。

知觉是人对当前事物整体的直接反映，包括事物的各种属性、各个部分以及它们的关系。因此，知觉往往是各种感觉协调活动的结果。

体育运动以身体活动为主要手段。身体活动是人支配自身所进行的运动，对自身运动的感知是完成身体运动的前提。体育运动中感知觉无处不在。准确、明晰的空间、时间和运动知觉对田径、球类、体操和武术等项目是十分重要的，这些项目要求运动员能通过观察空间大小、方位距离和目标的速度来调整自己。经常参加体育运动能发展和提高感知能力。

（二）体育运动对表象、记忆、思维的影响

1. 体育运动能促进思维能力的发展

由于在运动操作活动中，操作活动往往不是思考好了再做，而是一边思考一边做，一边做一边思考，因此思维和操作密不可分。在体育运动中，要不停地做出判断和预测，如球的落点、方向和反弹高度，对手的意图和可能采取的行动及与同伴的配合，都需要思维来完成。在体育训练时，一个动作的实现，除了参考自己过去的经验和模仿别人的动作外，更重要的是在积极思维的作用下进行反复练习。若不动脑筋，只是被动地、简单地、机械地重复模仿，就难以提高动作的质量。当动作达到"自动化"程度时，这时的思维活动便从指导练习转移到选择更有效的方法，发挥更高的效率，创造性地完成动作。通过"思维—检验—思维"的过程，可以有效促进思维能力的发展和思维速度的提高。

2. 体育运动能增强记忆力

记忆是人脑对经历过的事物的反映。正确记忆各种动作及各动作间的结构原理，形成正确完整的动作表象，是掌握任何动作所必备的能力。体育运动中各个动作的形成和提高都必须在记忆表象和想象表象支持下实现。另外，体育运动通常在高速度中进行，往往是一个动作接着一个动作，需要操作者在短时间内完成一连串的动作，稍有停顿，就破坏了动作的流畅自如。这就要求操作者不仅要了解和学会动作，而且要通过反复多次的练习，达到熟练化的程度，使之完全成为自身所拥有的熟练技巧，达到动力定型形式的记忆。所以，通过体育教学和训练，能促进人们直观形象记忆能力的发展。

（三）体育运动对想象力、注意力的影响

1. 体育运动能丰富想象力

想象力是在过去知觉的基础上产生新的形象的能力。大学生的想象力表现出充满理想和幻想，乐于憧憬未来，热爱追求新的思想和生活的特点。想象在体育运动中具有十分重要的意义。丰富的想象能使人摆脱对动作的机械模仿，并进行创造性的探索。在体育运动中，任何创造性活动都离不开想象，如运动战术的制定、高难度动作的设想、体操的编排等。丰富的想象力在体育运动中是创造新颖动作、形成独特风格的前提。同时，体育运动也促进了想象力的发展。

2. 体育运动能培养人的注意力

体育运动是一种身体操作活动，虽然项目各式各样，但有一些共同的特点和要求，即不是要求快速，就是要求准确，或是要求完美的表现。这些活动特点对人的注意力都有超常的要求。例如，我国奥运会冠军、飞碟射击运动员张山曾说过："一上场，对我来说，世界上只有碟靶、枪和我自己的动作，其他一切全无。"这就是注意力高度集中的表现。田径、体操、武术等项目要求运动员既要注意自己动作的准确及用力程度，又要注意其他人的动作，以便调整自己的战术。

体育运动对参加者的注意力要求较高。无论是径赛的起跑时，还是球类运动身体启动前，都要求将全部注意力集中在即将进行的动作上。在球类运动中，运动员不仅要注意球的运动，同时也要注意本队与对方队员的活动，以便随机应变，及时做出判断、反应。因此，注意力的集中与分配、注意力的广度与转移等能力，都能在体育活动中得到培养和锻炼。

（四）体育运动为认知能力的发展创造了良好的生理条件

（1）体育运动可促进人体的身体发育，当然也可促进大脑的发育。发育健全的大脑是人们学习和思维的物质基础。

（2）人体在运动时，血液循环加快，每分钟比正常人高 2 ~ 3 次，这样大脑供氧量就会逐渐增加。因此，运动能增加氧的供应，使血液畅通，改善神经细胞的营养和功能。

（3）可以开发右脑功能，激发人的创造潜能。因为右脑与人的空间定位、直觉、想

象和各种操作性的逻辑思维和非逻辑思维有关，因而体育运动是开发右脑的极好手段。体育运动是大学生乐于参与的活动，在运动中假如有意识地使用左手、左脚，则更能促进右脑的开发。

二、体育运动对大学生情感、意志品质发展的影响

大学生情感和意志品质已具有较高的发展水平，但还存在着未完全成熟的一面。体育运动能促进大学生情感、意志的发展，培养他们的意志品质，具体主要表现在以下几个方面。

（一）体育运动对大学生情绪、情感发展的影响

情绪和情感为人们的非理性因素，是人对客观事物态度的体验，是人的需要是否获得满足的一种反映。例如，因成功而体验到欣慰和愉快，因失败而感到悲伤。大学生的情绪、情感具有以下几个方面的特点。

1. 稳定性和波动性并存

大学生对情绪的自我控制和调节能力的提高以及认识能力的发展，致使情感比较持久，不易转换。同时，由于大学生社会适应能力比较差，神经的兴奋和抑制过程还很不平衡，自控力弱，情绪容易波动。

2. 强烈性和细腻性并存

富有激情是当代大学生的一个突出的情感特点，同时在其情绪体验上还存在细腻的一面，这两种行为现实中有趣地对立统一于一身。

3. 直露性与内隐性并存

直率与热情是青年公认的特点，但大学生有时会有意抑制自己的情感，认为直露感情是幼稚举动，这种情感的内隐性又使青年的情绪表现出间接、曲折的特点。体育运动本身蕴藏着很多对人的各种刺激，如克服困难、竞争、冒险、把握机会、追求不确定结果、达到目标、控制、成功、挫折等，使人产生丰富的情绪体验。经常参加体育活动，能调节人的情绪，并使人始终保持乐观愉快的情绪。因为体育活动通常在清静、幽雅、宽阔的操场上进行，容易使人产生乐观、开朗、心情舒畅等情绪体验，克服某些不良情绪的产生。另外，体育运动大多是同龄人成群结队开展的，有时还伴以乐曲，因此容易使人的情绪乐观、稳定、健康，形成豁达开朗的性格，增进同伴间的友谊。同时，运动伴随着血流量和吸氧量的增加，对中枢神经系统有良好的效果，能改善大脑皮层对发生情绪的有关各皮下中枢的调节能力，促进大学生情感、情绪的自控能力向成熟发展。

（二）体育运动对大学生意志品质发展的影响

（1）意志是自觉确定目的，并选择手段去调节行动，以克服各种困难，达到预定目的的心理过程。意志品质是在意志行动的各个阶段所表现出的稳定的行为特征。良好的意志品质不是先天就有的，而是在后天的教育过程中逐渐形成的。体育运动促使大学生具有

激情、自尊、荣誉感、责任心及积极向上的热情，这些激情又促进了大学生意志品质的发展，从而培养了大学生坚毅、顽强的意志品质和积极向上的情感。

（2）体育运动充满了挫折和失败，必须有坚忍不拔的意志和强烈的自信心去面对每一次的失败和挫折。体育运动鼓励人向往胜利和追求胜利，也培养人不怕失败、接受失败的勇气。没有哪种活动像体育这样让人频繁地品尝失败，也没有哪种活动像体育这样使失败成为如此正常和自然的结果。承受失败的人总会想到下一次，想到再努力提高，想到只有通过努力，才能达到目标。因此，运动总是与意志联系在一起，需要意志去调节，因而它能全面促进一个人的意志品质的发展。

三、体育运动对大学生个性发展的影响

个性是指个体具有一定倾向性的、比较固定的心理特征。不同的心理倾向构成了人的不同行为方式，这正是不同个性的人构成了当今人类五彩缤纷的大千世界的原因。体育不仅对人的个性产生着积极的影响，而且个性发展也是丰富体育的重要前提。个性心理特征主要是由气质、性格、能力三方面构成的。个性的形象和感知、表象、思维、想象以及人的整个认识过程有着密切的联系。所以说，人的个性心理特征是在先天遗传和后天认知的基础上建立起来的。

（一）气质

气质是指一个人表现在心理活动和动作进程方面的动力特点的总和。所谓动力特点，主要指心理活动的速度（如知觉的速度、思维的灵活程度）、心理活动的稳定性（如注意力集中时间的长短）、心理活动的强度（如情绪的强弱、意志顽强的程度），以及心理活动的指向性特点（内向或外向）等。气质一般包括胆汁质、多血质、黏液质、抑郁质四类。

在茫茫人海中，有的人身材匀称、丰满、健美，精力充沛，生机勃勃；有的人感情强烈，爱激动，难以自制；有的人却沉默寡言，比较冷静，不露声色；有的人思维十分灵活，动作敏捷，善于适应；而另一些人则反应比较慢，不善应变等。这些都是人的气质的表现。气质的特点通过各项体育教学和运动训练是可以改变的。研究表明，运动资历较长的运动员大多些善于适应，具有强型神经系统的胆汁质和多血质类型。因此，体育活动能够对人的气质产生影响。

（二）性格

性格是指一个人比较稳定的对现实的态度和与之相适应的习惯化了的行为方式。通过自我调节可以改善性格，通过教育可以影响性格，通过体育可以锻炼性格。一般来说，经常参加体育活动的人，情绪稳定，能较好地适应社会环境，比较外向，这应看作是体育运动对人的性格所起的作用。

体育活动对良好性格的形成有重要意义。培养良好的性格，首先要培养自我接受的态

度，主要是在运动实践中认识自己的真正状况，了解自己的心理品质和性格的优势与非优势，扬长避短，促进良好性格的发展。良好的情绪状态和人际关系是维护健康性格的灵丹妙药。参加丰富多彩的休闲活动，特别是体育锻炼，是培养优良性格的有力手段。每一个参加运动的人都会被运动本身的特点和与运动有关的社会评价所激励，这些东西使我们的价值观、情绪状态、意志品质发生一致的导向。例如，一个参加悬崖跳水的人会培养出坚强的个性、突出的意志品质、战胜困难的决心以及稳定的情绪状态。

（三）能力

能力通常是完成某种活动的本领，有一般能力和特殊能力之分。一般能力是指在各种活动中必须具备的一些基本能力，主要包括观察力、注意力、记忆力、思维能力和想象力等。特殊能力是指在完成某些特殊活动中所必须具备的能力，又叫专门能力，如运动能力、组织能力、管理能力等。一般能力和特殊能力是密不可分的，一般能力发展了，也可以促进特殊能力的发展。运动能力是指身体运动的能力，它包括体育知识、技能、技术的情况及有效地完成人体活动的生理、心理特征。

掌握体育知识、技能并非是体育的唯一目标，提高和体育有关的能力是更为重要的目标。从某种意义上说，只有提高了能力，才能学到更多的知识和技能。学习知识、技能是"授之以渔"，这便是重视能力培养的意义。体育活动发展了生理必备的、生活必需的各种能力，在学习体育知识、技能过程中能进一步提高能力覆盖面，从而能更好地生活、学习和工作。

竞技比赛、身体锻炼、体育教育、娱乐康复等四类活动由于形式不同，对个体的影响也不同；也因为活动项目的多样性而呈现出不同的特点，对个性心理的影响也有不同的侧重。竞技比赛要求不断提高个体的体能，向人体极限提出挑战，在应对这个挑战过程中必须克服生理、心理两方面的障碍，既要发挥体力，又要发挥心智，对意志品质也有较高的要求，这对人的性格是一个良好的培养过程。

常年坚持体育锻炼，可培养锻炼身体的自觉性，培养坚韧、顽强的意志品质。坚持锻炼的人，生活态度积极、情绪稳定，在性格方面有较强的社会适应性。

把体育作为学校教育手段，能较为全面地发挥体育对个性发展的功能。在个性心理倾向方面，需要、动机、兴趣受到理想、信念和世界观的导向，锻炼身体变得更为主动积极；在性格方面更能适应社会；在能力方面能得到更为全面的发展。

娱乐、康复活动提高了人积极生活的心理倾向。由于文化生活的丰富，也由于建立了战胜疾病的信心，个体的需要层次、动机水平、心理品质都得到提高。由于活动过程促进了人际交流，人的性格会变得更为平和、外向，社会能力也会得到一定程度的提高。

第九章　体育锻炼与营养

第一节　营养与健康

一、营养的含义与合理营养

生命的存在、机体的生长发育、各种生命活动及体育活动的进行，都依赖于体内的物质代谢过程，机体必须不断地从外界摄取新的构成细胞的物质、能源和其他活性物质，而且主要是从食物中摄取。因此，营养就是指机体摄取、消化吸收和利用食物中的营养物质，以维持生命的整个过程。营养是保证机体生命存在和延续的重要条件。

合理营养的含义是，由食物中摄取的各种营养素与身体对这些营养素的需要达到平衡，既不缺乏，也不过剩。缺乏某些营养素会引起营养缺乏病，如缺钙引起的佝偻病、缺铁引起的贫血等。某些营养素如脂肪和碳水化合物摄入过多又会导致肥胖症、糖尿病、心血管病等"富贵病"。营养缺乏和营养过剩引起的病态统称为营养不良，都是营养不合理的后果，对健康都是十分有害的。

我们强调营养膳食的合理性，应注意以下三个问题。

1. 要做到食物营养成分的互补

我们日常生活中的任何一种食物，所含的营养成分都不可能十分全面。在富含一种或数种营养成分的同时，也可能缺少另外一些成分。例如，粮食、谷物主要提供糖类，肉类、禽卵等主要提供蛋白质与脂肪，而蔬菜与水果是维生素、无机盐的主要来源。只有各种食物合理搭配，才能实现营养成分的互补，满足机体的需要。

2. 要进行不同年龄阶段营养成分的选择

人生的各个时期对营养的需求是不同的，无论是从种类上还是数量上，都有着明显的不同。儿童、少年处于生长发育的高峰时期，对各种营养成分的摄取，在种类、数量上要有充分的保障，做到高蛋白、高热量、高维生素，适量脂肪，全面而均衡。老年人为延缓衰老、健康长寿，强调高蛋白、高维生素、低脂肪、低热量；为防治骨质疏松、高血压等老年退行性疾病，要补充钙质，限制钠盐，形成对某些营养成分的特殊选择。

3. 要做好特殊体能消耗的补充

日常膳食可满足一般体能消耗，但对那些有特殊体能消耗的人应予区别对待。例如，炼钢工人高温作业，因大量排汗而造成蛋白质大量消耗及矿物盐、维生素和水的大量丢失，这就要求在他们膳食及饮料中给予适度强化，补充锻炼过程中的特殊消耗，为实现锻炼效果提供必要的物质基础。

如上所述，实现营养膳食的合理性，必须做到营养成分全面、均衡，营养搭配要因人而异，补充营养过程要持之以恒，久而久之，才能从营养学角度提高体质与健康水平。

二、营养素与健康

营养素是指能在体内消化吸收、供给热能、构成机体组织成分、调节生理机能、为机体进行正常物质代谢所必需的物质，包括蛋白质、脂肪、糖类、维生素、矿物质和水六大类。营养素与健康有着密切的关系。

（一）蛋白质

1. 蛋白质在体内的主要作用

蛋白质是生命的物质基础，没有蛋白质就没有生命。它在人体内的主要生理功能是：构成机体组织、促进生长发育；构成酶和激素成分，调节酸碱平衡及全身生理机能；增强机体抗病免疫能力；供给热能等。机体一旦缺乏蛋白质，首先会影响机体生长发育，肌肉萎缩，甚至贫血，并出现抗病力下降、内分泌紊乱、易疲劳、伤口不愈合等现象。

2. 蛋白质来源与日常需要量

日常膳食中的肉、蛋、奶等是动物性蛋白质的主要来源；而豆类是植物性蛋白质的主要来源。米面等谷类食物含蛋白质较低，只有 10% 左右，但在我国由于其在人们食物中所占比例较大，也成为植物性蛋白质的重要来源。一般认为，动物性及植物性蛋白质在食物中应各占 50%。

中国营养学会建议：我国成人蛋白质摄入量为每日每千克体重 1.0 ~ 1.9 克，青少年应当更多一些，可达 3.0 克左右。参加体育锻炼的人，在各自原基础上应适量增加一些。

（二）脂肪

1. 脂肪在体内的主要作用

脂肪在体内构成细胞膜及一些重要组织，参加代谢，供给热能，保护内脏，保持体温，并有促进脂溶性维生素的吸收等作用。

2. 脂肪的来源与需要量

动物性脂肪来源于各种动物油、奶油、蛋黄等，而植物性脂肪主要来源于各种植物食用油。另外，核桃、花生、葵花子等干果也可为机体提供较丰富的脂肪成分。就我国目前的生活水平来看，普通膳食一般即可满足脂肪的每天需用量。食物中的粮类，在体内也很容易转变成脂肪供机体利用或储存起来。

（三）糖类

1. 糖类在体内的主要作用

糖类在体内的首要作用是供给热能，人体所需能量的 60% 是由糖类供应的；其次还构成组织成分并参与其他物质代谢，对中枢神经系统有特殊营养作用，能调节脂类代谢，具有解毒和保护肝脏的功能。

机体缺糖使血糖下降，首先影响中枢神经系统大脑的机能，使其兴奋性下降，反应迟钝，四肢无力，动作协调性下降，甚至发生晕厥，运动不能继续。

2. 糖的来源与日常需要量

糖的来源较为广泛，食物中的米、面、谷物约有 80% 富含糖类，因此日常膳食供应较充足；也可直接适量摄取糖果及饮用含糖饮料，提高肝糖原、肌糖原的含量储备。日常膳食即可满足人们对糖的需求，不必强调大量补充。

（四）维生素

维生素是维持人体生命和调节正常机能不可缺少的一类营养素。它们在体内的贮存量很少，必须经常从食物中获得。维生素的种类很多，按其性质分为脂溶性与水溶性两大类。前者有维生素 A、D、E、K 四种，后者包括维生素 B、C 等。各种维生素在体内不构成组织原料，也不提供能量，它们有各自的功用，总的来说是调节物质能量代谢，保证生理机能。

1. 维生素 A

维生素 A 的主要功用是维持正常视力，保证眼睛以及维持上皮组织结构的健全与完整性。如果缺乏维生素 A 会引起视觉及适应能力下降，甚至患夜盲症。维生素 A 最好的来源是各种动物的肝脏和鱼卵、乳品类、蛋黄以及胡萝卜、菠菜等黄绿色蔬菜。

2. 维生素 D

维生素 D 对机体的钙、磷代谢和骨骼生长发育极为重要，能促进钙的吸收，促进骨骼钙化及牙齿的正常发育。维生素 D 缺乏时，钙的吸收受到影响，严重者骨盐溶解而致脱钙。维生素 D 的主要来源是鱼肝油、蛋黄、奶品。皮肤中的 7- 脱氢胆固醇在阳光紫外线照射下可转化成维生素 D，一般不会缺乏。

3. 维生素 E

维生素 E 可增强机体对缺氧的耐受力，减少组织细胞的耗氧量，扩张血管，改善循环，增强心功能，增加肌肉力量与有氧耐力。如果与维生素 C 结合使用，能缓和及预防动脉硬化。维生素 E 主要来自动物性食品、小麦胚芽、玉米油，绿叶蔬菜中含量也较丰富。

4. 维生素 B

其主要功用是在糖代谢中发挥重要作用，促进肝糖原、肌糖原生成，保护神经系统机能。充足的维生素 B 可有效地缓解机体疲劳。维生素 B 广泛存在于谷物杂粮中，也可服用维生素 B 片剂。

5. 维生素 C

维生素 C 能加速体内氧化还原过程，提高 ATP 酶活性，使机体得到更多能量来维持运动，提高耐力，减缓疲劳，促进体力恢复，并能促进伤口愈合，促进造血机能，参与解毒过程，增强机体抗病力。维生素 C 广泛存在于蔬菜和水果中。

（五）矿物质（无机盐）

体内矿物质元素种类很多，总量约占体重的 5%，是构成机体组织成分、调节生理机能的主要物质。其中较多的有钙、镁、钾、钠、硫、磷等；其他如铁、碘、氟、锌含量很少，称微量元素。人体在物质代谢过程中，每天都有一定量的矿物质通过各种途径排出体外，因此必须从食物中得到及时补充。矿物质在食物中分布极广，正常膳食一般都能满足机体需要。其中最易缺乏的是钙和铁。

1. 钙和磷

钙在体内的主要作用是构成骨骼与牙齿，维持神经肌肉的正常兴奋性，参与凝血过程等。成人每日需钙 0.6 克，儿童及孕妇、老年人的需要量较高。大量出汗可使钙的排出量增多，每日需钙量可达 1.0 ~ 1.5 克。含钙较多的食品有虾皮、海带、豆制品、芝麻、山楂、绿叶蔬菜等。由于钙和磷在体内的关系非常密切，二者在血液中必须达到一定的浓度水平才能共同完成其生理机能，所以在补充钙的同时，还要注意从富含蛋白质的食品中摄入磷。

2. 铁

铁的主要作用是构成血红蛋白，缺铁可阻碍血红蛋白生成而发生缺铁性贫血，降低血液载氧功能，导致全身功能低下。成年男子每日需铁 12 毫克左右，青少年、妇女每日需铁 15 毫克左右。大量出汗可增加铁的丢失，应给予额外补充。含铁最多的食物有动物肝脏、动物血液，其他如蛋黄、肉类、豆制品、红糖、沙棘果等铁的含量也很丰富。

（六）水

水是构成机体的主要成分，参与全身所有的物质代谢，完成机体的物质运输，调节体温，保证腺体正常分泌。体内的水分必须保持恒定，体内不储存多余的水，也不能缺水。缺水若不及时补充，将影响正常生理机能。大量出汗后补充水分的同时，也要补充适量盐分，以补充电解质的丢失。

第二节　体育锻炼与合理营养

一、营养对体育锻炼的影响

进行体育锻炼时，体内会发生一系列的生理性变化：中枢神经系统活动紧张，内分泌系统加快，酶系统活跃，新陈代谢旺盛，单位时间内的能量消耗数倍于安静状态，体内的糖、脂肪被大量分解供能，蛋白质代谢更新加快，大量的维生素、无机盐参与分解代谢而增加了损失过程。这些变化使机体对各种营养物质的需求量大大增多。

营养与体育锻炼关系密切，对锻炼效果有着很大的影响。体育锻炼造成的能量消耗，要在运动结束后通过合理的营养膳食得到补充。如果缺乏合理营养保证，消耗得不到补充，机体会处于一种"亏损"状态，久而久之，于机体健康不利，会使锻炼者生理机能及运动能力下降，出现乏力疲劳甚至疾病状态。

合理营养与体育锻炼是维持和促进健康的两个重要条件。以科学、合理的营养为物质基础，以体育锻炼为手段，用锻炼的消耗过程换取锻炼后的超量恢复过程，使机体积聚更多的能源物质，提高各器官系统的机能。此时获得的健康，较之单纯以营养获取的健康上升一个新的高度。运动员通过合理营养加体育锻炼在获得健康的同时，也收获了良好的身体素质。

二、不同锻炼项目对合理营养的需求

在进行体育锻炼时，机体的能量消耗比安静时大大增加。要安排好锻炼期间的饮食，加速运动后的体力恢复，防止过度疲劳，合理的营养就显得十分重要。

（一）速度性运动

速度性运动是典型的大强度运动，如短跑。快速跑时对神经过程的灵活性和协调性要求高，同时体内高度缺氧，故能量的来源主要是糖的无氧分解供应。短时间将有大量代谢产物在体内堆积，使内环境向酸性偏移，容易产生疲劳。在锻炼后膳食中应含有丰富的蛋白质、糖，还必须有足够的磷、维生素B、维生素C和铁，此外还应多吃蔬菜、水果等碱性食物，进一步调节体内酸碱平衡。

（二）耐力性运动

耐力性运动如长跑、超长跑、骑自行车等，运动强度较低，但持续时间长，运动所需总热能大，能量代谢以有氧供能为主。为了保证热能的来源充足，增强机体的摄氧能力，膳食中应含有较高的糖、维生素B，以及铁、钾、钠、钙、镁等元素，并适量补充脂肪和蛋白质。

（三）力量性运动

力量性运动如举重、器械体操、投掷等，由于练习时消耗的能量较多，饮食的产热量也需求较高，故膳食应有足够的糖、蛋白质和脂肪。特别是力量练习有利于肌肉质量与力量的增长，对蛋白质的需要量大于其他项目，供给量可达到每千克体重2克。另外，为了保证神经、肌肉的正常功能，还要注意补充钠、钾、镁、钙等元素。

（四）灵巧性运动

灵巧性运动如体操、艺术体操、技巧等，这些运动动作复杂、多样化，需要良好的协调性与灵巧性，对神经系统的要求较高，食物中应含有丰富的磷及各种维生素。

（五）球类运动

球类运动对人体的要求较全面，对力量、速度、耐力、灵敏等素质均有较高的要求，所以对营养的要求也全面。膳食中糖、蛋白质、维生素 B、维生素 C、磷等一定要充足。球的体积越小，食物中维生素 A 的量应更高些。足球活动时间较长且在室外活动，矿物质、水分丢失较多，应及时补充。

（六）游泳运动

游泳运动在水中进行，机体散热较多，膳食中除供给必需的糖和蛋白质外，还要求足够的脂肪和维生素 B、维生素 C 及磷等。

（七）冰雪运动

由于长时间在冰雪上活动，加之周围环境温度较低，机体产热过程增强以维持体温，所以蛋白质和脂肪消耗较多，膳食中必须给予保证，同时增加糖类以提供能源。主要注意多补充维生素 B，并适当增加维生素 A 的摄入，保护眼睛，这样有利于适应冰雪场地的白色环境。

（八）体育锻炼与水的补充

体育锻炼中体液的代谢特别旺盛，如踢足球 1 小时，出汗量高达 2 ~ 7 升。在高温环境下运动，出汗量更大。运动时，体温升高，排汗使机体一部分热量散发，降低了体温，这对运动是有利的；但排汗的同时也失去了体内很多的盐类（如钠盐、镁盐等），若不及时补充，不但会降低运动效果，而且对健康也有一定不良影响（脱水严重可导致休克）。因此在锻炼中要及时补充水分，同时注意钠、钾盐的补充。一次饮水量不能太多，以 150 ~ 200 毫升为宜。

三、不同气候条件下锻炼的营养特点

（一）冬季锻炼的营养特点

冬季气温较低，寒冷的环境使机体代谢加快，散热量增加，所以膳食中应增加蛋白质及脂肪含量，同时补充热能充足的食物和维生素 A、B、B、C、E。因冬季着装较多、户外活动少、接受日光直接照射时间较少，还应在膳食中补充维生素 D 和钙、磷、铁、碘的含量。

（二）夏季锻炼的营养特点

夏季人体内物质代谢变化很大，大量出汗使能耗增加，并使钙、钠、钾及维生素大量消耗和丢失。所以，夏季锻炼时的膳食有其特殊要求，及时合理地补充水与电解质及维生素比补充蛋白质、糖、脂肪更加重要。这时促进散热过程，防止中暑是必需的。电解质氯化钠的摄入，常温下每人每天为 10～15 克，夏季高温时再增加 10 克左右，同时补充维生素，包括维生素 B_1、维生素 B_2、维生素 C、维生素 B_6、胆碱、泛酸、叶酸等。

蛋白质的补充应较平日增多，减少脂肪成分，膳食搭配应清淡可口，以增加食欲为主，并多吃一些蔬菜与水果，以增加矿物质、维生素的摄入。

第三节　健康膳食

一、健康膳食的概念

健康膳食又称平衡膳食，是指膳食中所含营养素种类齐全、数量充足、比例适当，且与人体的需要保持平衡，又不会导致热量过多摄入。健康膳食的目的是促进人体正常发育，确保各组织器官和机能的正常活动，提高人体对疾病的抵抗力，进而提高工作效率，延长寿命。具体来讲，平衡膳食是指同时在四个方面使膳食营养供给与机体生理需要之间建立起平衡关系，即氨基酸平衡、热量和营养素构成平衡、酸碱平衡及各种营养素摄入量构成平衡。只有这样，才有利于营养素的吸收。

现代医学研究证明，人类各种疾病的发生，或多或少、或轻或重都与人体内营养平衡失调有关，如心血管病与钾、镁、锌低而铜高有关；高血压与钠高、钾低、镁不足有关；脑血管病与钙、镁、锌、硒不足有关。所以，人体营养平衡至关重要。尤其是当今科学的日益发达，化肥、农药的广泛使用，食物添加剂在食品加工中的应用，高科技生物食品的不断开发，保健食品的种类越来越多，而且食品的加工越来越细，因而当今人类在营养失调日趋严重的状况下，健康膳食的意义就越发显得重要。

二、健康膳食指南

"民以食为天"，膳食是人体健康的基础。随着科学的进步，人们逐步明确膳食构成和一些疾病的发生存在相关性，膳食指南由此应运而生。膳食指南是根据营养学原则，针对各地存在的问题而提出的合理膳食基本要求，它引导民众合理选择并搭配食物，达到平衡、合理膳食，减少疾病，促进全民健康的目的。我国政府于 1989 年首次发布了《中国居民膳食指南》，在 1997 年 4 月，再次发布了修改后的新的膳食指南。2007 年，国家卫生部委托中国营养学会制定了《中国居民膳食指南》（2007），体现了国家对提高国民健康素质的极大关注。

《中国居民膳食指南》由一般人群膳食指南、特定人群膳食指南和平衡膳食宝塔三部分组成。这里只介绍一般人群膳食指南和平衡膳食宝塔。

（一）一般人群膳食指南

一般人群膳食指南共有 10 条，适于 6 岁以上的正常人群。

（1）食物多样，谷类为主，粗细搭配。

（2）多吃蔬菜、水果和薯类。

（3）每天吃奶类、大豆或其制品。

（4）常吃适量的鱼、禽、蛋和瘦肉。

（5）减少烹调油用量，吃清淡少盐膳食。

（6）食不过量，天天运动，保持健康体重。

（7）三餐分配要合理，零食要适当。

（8）每天足量饮水，合理选择饮料。

（9）饮酒应限量。

（10）吃新鲜卫生的食物。

（二）中国居民平衡膳食宝塔

中国居民平衡膳食宝塔提出了一个营养上比较理想的膳食模式。它所建议的食物量，特别是奶类和豆类食物的量可能与大多数人当前的实际膳食还有一定的差距，对某些贫困地区来讲可能距离还很远，但为了改善中国居民的膳食营养状况，这是需要满足的。应把它看作一个奋斗目标，努力争取，逐步达到。

膳食宝塔指明的每天适宜摄入物量和种类是为了给人们以直观印象，并非严格规定。中国营养学会理事长葛可佑强调，他们推广的是"均衡"饮食的理念，提倡的是长期坚持的态度。

1. 中国居民平衡膳食宝塔说明

（1）膳食宝塔结构

膳食宝塔共分 5 层，包含我们每天应吃的主要食物种类。膳食宝塔各层位置和面积不同，这在一定程度上反映出各类食物在膳食中的地位和应占的比重。新的膳食宝塔图增加了水和身体活动的位置，强调足量饮水和增加身体活动的重要性。

（2）膳食宝塔建议的食物量

膳食宝塔建议的各类食物摄入量都是指食物可食部分的重量。各类食物的重量不是指某一种具体食物的重量，而是一类食物的总体重量。

2. 中国居民平衡膳食宝塔的应用

（1）确定适合自己的能量水平

膳食宝塔中建议的每人每日各类食物适宜摄入量范围适用于一般健康人，在实际应用时要根据个人年龄、性别、身高、体重、劳动强度、季节等情况适当调整。

（2）根据自己的能量水平确定食物需要

膳食宝塔建议的每人每天各类食物适宜摄入量范围适用于一般健康成年人，按照7个能量水平分别建议了10类食物的摄入量，应用时要根据自身的能量需要进行选择。

（3）食物同类互换，调配丰富多彩的膳食

可以把营养与美味结合起来，按照同类互换、多种多样的原则调配一日三餐。

（4）要因地制宜，充分利用当地资源

我国幅员辽阔，各地的饮食习惯及物产不尽相同，只有因地制宜，充分利用当地资源，才能有效地应用膳食宝塔。

（5）要养成习惯，长期坚持

膳食对健康的影响是长期的。应用平衡膳食宝塔需要养成习惯，并坚持不懈，才能充分体现其对健康的重大促进作用。

三、大学生的膳食调配

大学生正处于青春年盛、向成年过渡的时期，不仅身体发育需要足够的营养，而且繁重的脑力劳动和大量的体育锻炼也要消耗大量的能源物质。因此，合理的膳食和营养有助于提高大学生的身体素质和学习效率。

大学生膳食除应保证足够的粮食以补充热能需要外，还应补充足够的、多样的副食品，一般每人每天平均需供给肉类75～100克、豆类50～100克、鸡蛋1～2个、牛奶250毫升、蔬菜500克及水果1～2个。膳食中的蛋白质最好以动物蛋白为主，优质蛋白占总蛋白量的60%，并应平均分配在一日三餐中。

近年来一些文献报道，人们在精神紧张时水溶性维生素B、维生素B_2、维生素C及烟酸等的消耗会增加。大学生紧张的学习和考试，使体内维生素的需要量增加，应从食物中给予补充，以免造成缺乏。

我国膳食中比较容易缺乏的营养元素还有钙、铁、维生素A、核黄素（维生素B_2）等。特别是在集体食堂就餐的大学生更应注意预防上述营养缺乏。

缺铁在女大学生中更为多见。因为女大学生每月有月经血液的丢失，使身体对铁的需要量增多，很容易出现缺铁性贫血。因此，女大学生更应注意补充铁，应选食含铁丰富且吸收利用率高的猪肝、瘦肉、木耳、红枣、海带等食物。

维生素A和核黄素是我们平常膳食中难以满足需要量的两种维生素，而这两种维生素又与视力有关。大学生使用眼睛的时间较长，更要特别注意这两种维生素的补充。含维生素 A 和核黄素丰富的食物除猪肝、鸡蛋、牛奶外，黄绿色蔬菜中含量也较丰富，若每天能进食 250 克以上的黄绿色的蔬菜，就能提高这两种维生素的摄入量，从而满足维生素的营养需求。

　　钙和碘对大学生的身体发育和适应繁重的学习任务具有重要意义，每天的膳食中应注意选用牛奶、鸡蛋、大豆、虾皮、海带、紫菜、各种海鱼等含钙和碘丰富的食物。

　　卵磷脂是构成神经细胞和脑细胞代谢的重要物质，有人试验，大豆卵磷脂给正常人服用，精力比服用前充沛，学习和工作的效率也大大提高。富含卵磷脂的食物有鸡蛋、豆类、瘦肉、肝、牛奶等。

参考文献

[1] 陈伟. 民族体育创新发展研究 [M]. 西安：西安电子科技大学出版社，2017.

[2] 陈玉群. 体育教学研究 [M]. 北京：光明日报出版社，2016.

[3] 邵斌. 大学公共体育专业化教学改革理论与实践 [M]. 上海：上海大学出版社，2015.

[4] 陈伟，刘青，王纯. 民族体育创新发展研究 [M]. 成都：电子科技大学出版社，2014.

[5] 郑厚成. 体育与健康 教师用书 [M]. 北京：高等教育出版社，2002.

[6] 张瑞林，张伟. 体育与健康 [M]. 济南：山东大学出版社，2008.

[7] 孔韦忠. 学校体育与心理健康教育 [M]. 太原：山西科学技术出版社，2008.

[8] 纪烈维. 新编大学体育理论教程 [M]. 哈尔滨：黑龙江科学技术出版社，2010.

[9] 刘学军. 学校体育教学系统形态研究 [M]. 北京：研究出版社，2008.

[10] 钱杰，姜同仁. 中国高等体育教育发展模式研究 [M]. 北京：北京体育大学出版社，2004.

[11] 杨文轩. 体育学原理论著选读 [M]. 广州：广东高等教育出版社，1996.

[12] 林少娜，郑李茹. 大学生体育与健康 [M]. 北京：北京体育大学出版社，2006.

[13] 何小平，肖毅志，刘为. 高职实用体育教程 [M]. 北京：中国环境科学出版社，2008.

[14] 夏越. 现代高校体育教学研究 [M]. 北京：北京理工大学出版社，2019.

[15] 王志斌，严红玲，李梁华. 高校体育与健康教程 [M]. 南昌：江西人民出版社，2017.

[16] 马保安. 体育教学改革与创新 [J]. 国际公关，2020，（6）：76，78.

[17] 肖斌. 大学体育教学改革初探 [J]. 灌篮，2021，（3）：92.

[18] 左晓瑛. 高校体育教学改革探讨 [J]. 福建茶叶，2020，（1）：150.

[19] 曹丹，汤铎. 当前高校体育教学改革发展的瓶颈 [J]. 体育画报，2021，（14）：74-75.

[20] 郭峰. 对高校体育教学改革创新的思考 [J]. 体育视野，2021，（12）：49-50.

[21] 姜宇航，孙宇. 网络时代高校体育教学的改革创新 [J]. 赤峰学院学报（自然科学版），2021，（9）：76-78.

[22] 张晓琛 . 基于学生主体的高校体育教学改革 [J]. 灌篮，2021，（20）：109-110.

[23] 和琴语 . 基于学生兴趣培养的体育教学改革 [J]. 湖北开放职业学院学报，2021，（12）：152-153.

[24] 杜百晶，张帅 . 全民健身计划与高校体育教学改革 [J]. 电脑爱好者（电子刊），2021，（5）：203.

[25] 张亚平，杨龙，杜利军 . 高校体育教学理念及模式创新研究 [M]. 北京：中国商业出版社，2022：5.

[26] 谢宾，王新光，时春梅著 . 高校体育教学与运动训练研究 [M]. 长春：吉林人民出版社，2021：10.

[27] 张斌作 . 高校体育篮球教学改革研究 [M]. 北京：北京出版社，2021：8.